BILBO

JEUNESSE

La Vie cachée d'Éva

Du même auteur

Le Verbe cœur, poésie, la courte échelle, 2002.

SÉRIE MARIE QUATDOIGTS
Marie Quatdoigts, coll. Bilbo, Québec Amérique, 2002.
Les Idées noires d'Amélie Blanche, coll. Bilbo, Québec Amérique, 2003.
La Vie cachée d'Éva, coll. Bilbo, Québec Amérique, 2004.
Les Cruels Remords de Robert, coll. Bilbo, Québec Amérique, 2006.

SÉRIE FANTÔMES
Les fantômes bleus sont les plus malheureux, coll. Bilbo,
Québec Amérique, 2005.

La Vie cachée d'Éva

ROGER DES ROCHES
ILLUSTRATIONS : CARL PELLETIER

QUÉBEC AMÉRIQUE Jeunesse

Catalogage avant publication de Bibliothèque et Achives Canada

Des Roches, Roger
La Vie cachée d'Éva
(Bilbo jeunesse; 133)
(Marie ; 3)
Pour les jeunes.
ISBN 2-7644-0367-4
I. Titre. II. Collection. III. Collection : Des Roches, Roger. Marie; 3.
PS8557.E87V53 2004 jC843'.54 C2004-941501-8
PS9557.E87V53 2004

Conseil des Arts du Canada Canada Council for the Arts

SODEC Québec

Nous reconnaissons l'aide financière du gouvernement du Canada par l'entremise du Programme d'aide au développement de l'industrie de l'édition (PADIÉ) pour nos activités d'édition.

Gouvernement du Québec – Programme de crédit d'impôt pour l'édition de livres – Gestion SODEC.

Les Éditions Québec Amérique bénéficient du programme de subvention globale du Conseil des Arts du Canada. Elles tiennent également à remercier la SODEC pour son appui financier.

Québec Amérique
329, rue de la Commune Ouest, 3e étage
Montréal (Québec) H2Y 2E1
Téléphone: 514 499-3000, télécopieur: 514 499-3010

Dépôt légal: 3e trimestre 2004
Bibliothèque nationale du Québec
Bibliothèque nationale du Canada

Révision linguistique: Chantale Landry
Mise en pages: Andréa Joseph [PAGEXPRESS]
Réimpression : mars 2006

www.quebec-amerique.com
Imprimé au Canada

À Stéphanie Jacques,
qui n'aime pas les fins tristes.

Les deux poèmes du premier chapitre sont
l'œuvre de Joée Guitart, 12 ans,
de Montréal, et sont reproduits ici
avec son aimable permission.
Tel que promis, Joée, tu te retrouves
dans le roman !

Écrire des poèmes, est-ce complètement bizarroïde ?

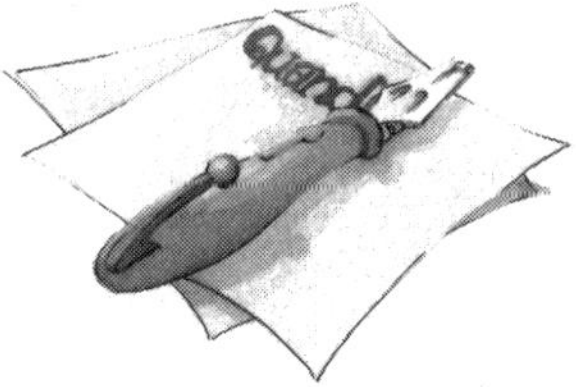

Hé! Pincez-moi, quelqu'un! Dites-moi que je rêve!

Oh là là! Je ne dois sûrement pas être réveillée.

La vérité? On est samedi matin. Je dors. La fenêtre de ma chambre est grande ouverte. Le vent, ni trop froid ni trop chaud, fait gonfler les rideaux. Comme il fait bon sous les couvertures, la tête enfoncée dans ses peluches préférées!

Il n'y a pas d'école aujourd'hui. Je ne ferai strictement rien. Rien de rien. Je vais dormir *très* longtemps. Ensuite, je descendrai, en pyjama, pour déjeuner-dîner-luncher-bruncher. Je n'avalerai que des trucs tout à fait désastreux pour la santé. Ensuite, quand j'entendrai mon lit m'appeler («Maaariiiie, Maaaaariiie, où es-tu, Maaariiiie?»), je retournerai à ma chambre et lirai des romans complètement minables tout l'après-midi.

Alors, ne me dérangez pas: JE DORS…

Et je rêve, n'est-ce pas? Hein? Dites-moi que je rêve!

Bon, bon, d'accord, je ne rêve pas, mais vous l'avez entendu comme moi? Pas cinglée, la petite Marie Gadouas.

Alors, il faut faire quelque chose!

Un événement comme celui-là ne survient qu'une seule fois dans une vie!

Il faut l'annoncer!

Il faut le crier haut et fort!

Il faut que le monde entier l'apprenne!

J'ai trouvé! Vite! Je vais bricoler une pancarte. Une *grande*, une *immense* pancarte, comme celles des hommes-sandwichs. Je vais me l'accrocher dans le dos et me promener partout dans l'école, afin que tous apprennent la bonne nouvelle.

Imaginez, les amis, essayez d'imaginer la scène...

Un profond silence va tomber sur l'école Soleil du millénaire quand les profs et les élèves vont me voir passer.

Ils n'en croiront pas leurs yeux lorsqu'ils liront ma pancarte. Ni leurs oreilles non plus, car je vais hurler à tue-tête:

PINOTTE VEUT FAIRE LA PAIX!

Même la directrice intérimaire voudra l'annoncer au micro :

ATTENTION ! ATTENTION !

VOICI UN MESSAGE DE LA PLUS HAUTE IMPORTANCE, DE LA PART DE VOTRE SYMPATHIQUE DIRECTRICE INTÉRIMAIRE.

NOUS APPRENONS À L'INSTANT MÊME QUE JEAN-YVES PINAUD A DÉCIDÉ DE FAIRE LA PAIX AVEC MARIE QUATDOIGTS. *Euh... pardon...* AVEC MARIE GADOUAS.

Et si j'écrivais une lettre pour le journal de l'école ? Si je...

Quoi ? Allons, Robert, me prends-tu pour une idiote ? Je n'ai pas été dupe quand même. Bien sûr que je n'ai pas cru un traître mot de ce qu'il nous a éructé, notre cher Pinotte.

Il veut faire la paix. Ah! Monsieur Pinaud veut faire la PAIX!

Incroyable... Impossible!... Inénarrable!... euh... J'en étais où, moi?

Oh oui! Vous avez vu comment il se tortillait devant notre table, comme s'il avait un besoin urgentissime d'aller au petit coin? Il ne tenait pas en place, le pauvre! Lui qui d'habitude a le teint verdâtre, voilà qu'il était tout rouge. Et que pensez-vous de la manière dont il avait peigné ses cheveux? On aurait dit qu'il s'en allait à un mariage... ou à un enterrement.

Oui, tu as raison, Amélie. Il avait même les ongles propres!

Pinotte n'a jamais eu les ongles propres de toute sa vie!

Même ses amis avaient l'air… astiqués. Ils reluisaient presque!

Vous vous rappelez ce qu'il a dit, Pinotte? «Je m'ai réveillé à matin, pis j'ai été comme ébloui. J'ai compris que je m'étais trompé. Ç'a pas d'allure d'être toujours méchant. Pis c'est comme qui dirait une voix qui m'a dit qu'il faudrait, Jean-Yves, que tu deviennes plus… euh, plus…»

Vous avez remarqué comment le mot «gentil» semblait lui brûler les lèvres? Ce terme-là n'a jamais fait partie de son vocabulaire. Ça lui restait pris dans la gorge. Il devait même en avoir des nausées!

Je sais, Amélie: il mijote un mauvais tour. Quoi, au juste, aucune idée.

Mais il en a gros sur le cœur, notre valeureux Pinotte. Il

enrage de ne pas savoir. Depuis toujours, il a le contrôle de ce qui se passe à l'école. Plus maintenant. Ça le ronge, ça le gruge, ça le rend malade ! Il sait que nous lui cachons quelque chose. Il le sait depuis l'an dernier, mais n'a jamais pu le prouver. Rappelle-toi ce que je t'ai raconté, comment lui et sa bande nous ont presque surpris, Robert et moi, dans les catacombes. Quelques secondes de plus, et ça y était !

Imagine ce qui se bouscule dans sa tête : *Qu'est-ce qu'ils font, Marie Quatdoigts et ses amis ? Que cachent-ils ? Et de toute manière, depuis quand Marie Quatdoigts a-t-elle le droit d'avoir des amis ? Du jamais vu ! Le monde à l'envers !*

Mettez-vous à sa place : d'abord, il y a Robert, qui arrive

un jour comme un cheval dans la soupe et qui bouleverse l'ordre établi...

Hein? Un cheveu? Un cheveu sur la soupe? Mais c'est exactement ce que j'ai dit...

Qu'est-ce que je racontais donc? Ah oui: Robert. Robert arrive en premier. On dirait qu'il ne se rend même pas compte qu'elle est bizarre, la Marie Quatdoigts. Puis, en deux temps, trois mouvements, les voilà copain-copine. Ils ne se quittent plus. Ils se promènent ensemble. Ils mangent ensemble, le midi. Étonnant! Le plus surprenant encore, le plus renversant, c'est qu'un deuxième ami se pointe le nez à l'école. Thomas. Qui est aussi bizarre, sinon plus, que Marie. Paraît même qu'on les voyait très, très, *très* souvent, ces deux-là, comme si...

Enfin… Bon… Euh… Ouais…

Bref, il est parti, Tom Pleindpouces… Pinotte croyait sûrement qu'après son départ, les choses allaient revenir à un semblant de normalité. Mais non! Voilà Amélie Blanche qui fait son petit numéro. Une autre « étrange ». Et une autre amie pour Marie.

Trois amis pour Marie, en un peu plus d'un an.

Une véritable épidémie!

Pinotte ne comprend plus rien. Il y a sûrement aiguille sous roche, qu'il se dit, et…

D'accord, Amélie, *anguille*. Avoue toutefois que ça n'a pas de sens: comme si on pouvait soulever une pierre dans son jardin et découvrir qu'une anguille, qu'une grosse anguille toute longue et gluante s'y cache… Brrr!…

Mais Pinotte a une idée derrière la tête. (Eh! Vous avez remarqué que j'ai dit *derrière* la tête, non pas *dans* la tête? Jamais une idée ne voudrait se retrouver trop longtemps coincée là où ça sent mauvais!)

Ça me rappelle il y a quelques années, quand la mère de Pinotte avait annoncé à la mienne que son cher et unique fils, si gentil et généreux, voulait m'offrir un cadeau pour mon anniversaire.

Au fond de ma chambre, ce jour-là, j'ai tremblé, vraiment tremblé.

Je me disais: «Ça y est, Pinotte va m'apporter une horreur. Un pot rempli d'araignées noires ou un gâteau aux vers de terre!»

Je me suis cachée sous mon lit toute la journée. J'ai refusé d'en sortir. Même lorsque maman a menacé de jeter notre télé à la rue! Pinotte n'a jamais pu me donner son cadeau, et moi, je n'ai jamais su ce qu'il me réservait, mais ça devait être terriblement dégueu!

Pinotte nous prépare un mauvais coup. Il a élaboré un plan diabolique. C'est si clair que c'en est évident!

Oui, tu as raison, Amélie: Pinotte tente de nous amadouer pour mieux nous sauter dessus ensuite. Jouons le jeu. Comme si de rien n'était. Comme si nous étions tombés dans le panneau. Mais demeurons sur nos gardes.

De toute manière, tant que Pinotte fera semblant d'être gentil, nous aurons un semblant de paix.

Mais revenons à notre réunion. Il nous reste à peine

quinze minutes avant que la cloche sonne. Pinotte, avec ses simagrées, nous a fait perdre presque une demi-heure. Tu voulais nous annoncer quelque chose, Amélie?

D'ailleurs, soit dit en passant, pourquoi faire une réunion du Club des bizarr... D'accord, Robert, correction : pourquoi tenir une réunion de l'Agence de détectives Bizarroïdes et compagnie ici, à la cafétéria, et non pas dans les catacombes ou à la maison du Député? C'est risqué, une réunion à la cafétéria de l'école.

Tu voulais nous parler de quelqu'un?

Une candidate? Candidate pour quoi au juste?

QUOI? POUR NOTRE *CLUB*? TU VEUX QU'UNE NOUVELLE...

Oups! Oui, vous avez raison. Ça ne sert à rien de crier. Pardonnez-moi, mais je me suis laissé emporter par la surprise. Heureusement, personne ne nous prêtait attention. Ils n'en ont que pour la belle et blonde Sophie qui fait sa parade de mode quotidienne.

Bon. Où en étions-nous avant que je saute sur mes grands cheveux? Euh... chevaux?

Joée? Joée Grimard?

Hum... Si je me rappelle bien, nous avons fréquenté la même garderie quand j'avais de zéro à quatre ans, et elle était aussi dans ma classe en maternelle. Gentille, mais un peu timide. Et rêveuse. Elle ne parlait pas très souvent. Elle semblait sans cesse plongée dans un autre monde que le nôtre.

Une poète, Joée? Mignon comme tout, mais je ne comprends pas pourquoi nous devrions l'admettre dans…

Une victime de Pinotte? D'accord. Je compatis. Mais s'il fallait ouvrir les portes de notre club à toutes les victimes de Pinotte, c'est l'école entière qui défilerait ici, et il faudrait agrandir les catacombes!

Il a déchiré deux de ses poèmes dans la cour de récré? Devant tout le monde? Quel goujat! Mais…

Eh! Depuis quand es-tu devenu critique littéraire, Robert Dumas? Depuis que toi et Amélie Blanche, vous sor… Bon, bon, allez! Ne vous fâchez pas, les amis, je blaguais… Mais avoue, mon cher Robert, qu'avant de rencontrer Amélie, tu préférais de beaucoup les bandes dessinées à la poésie... Donc, tu les avais lus, ces poèmes, avant que Pinotte décide de s'en mêler à sa manière habituelle? Des poèmes super? Ah bon... Peut-être, mais que Joée soit poète n'en fait pas...

Tu prétends qu'à travers l'Histoire, les poètes ont toujours été considérés comme des bizarroïdes?

Hum... Reconnaissez que ça peut paraître diablement étrange: passer son temps à tricoter des rimes plutôt que de jouer au ballon-poire ou d'écouter un film de peur avec un grand bol de maïs souff...

Ça nous prend des poètes pour comprendre le monde dans lequel nous vivons? Allons, Amélie! Le bulletin de nouvelles à la télé sert justement à ça. C'est du moins ce que ma mère répète tous les jours. Chaque soir, à dix-huit heures, elle fait la grande annonce solennelle: «Voyons voir comment s'est porté le monde pendant que je gagnais mon pain à la sueur de mes chocolats!» Il lui faut alors le silence absolu. Pas le droit de dire un mot ni de faire quelque commentaire que ce soit – même pas pendant les pubs –, et ce, jusqu'à ce que Madame Météo apparaisse à l'écran pour nous parler du beau temps qu'on n'aura pas pour les cinq prochains jours. Alors tu comprends, Amélie, qu'un poète, je ne crois pas que...

C'est quoi, ça?... Les poèmes de Joée? Elle t'avait donné une copie avant qu'ils ne tombent entre les mains de Pinotte?

Bon, d'accord, je vais les lire... Hum! Voyons voir...

Poème numéro 1

Quand je regarde par la
fenêtre de verre,
Fabriqué par un éclair
Qui a frappé le sable,
et séparé un couple,
Je vois des enfants qui
descendent une pente de neige
Sur ces palmes allongées
devant et derrière.
Je vois des grands sapins qui
s'enneigent
petits points blancs
qui descendent de ce lieux
mystérieux, le ciel.

Poème numéro 2

Quand je laisse aller mon
imagination,
Je frappe un mur
Effroyablement dur.
C'est le mur de l'idée.
Il faut vouloir le percer
pour attraper l'idée qui s'y
trouve cachée.

Ouais, ouais... Pas mauvais... pas mauvais du tout. J'en conviens : vu sous cet angle, écrit avec talent, ça devient intéressant, un poème.

Mais moi, ce que je préfère, ce sont les paroles de la nouvelle chanson des Squelettes tourmentés. Écoutez :

Nous avons tous peur, aargh !
de tomber en morceaux !
Tout le monde nous déteste,
aargh !
Parce que nous ne sommes pas
beaux !
Aaargh ! Aaargh ! Aaargh !

Voilà qui déménage, qui décape, qui décampe, qui...

Euh... Vous croyez que Joée ferait une bonne candidate ? Ah, les amis ! Si j'avais su, voilà juste un an, que je ne serais plus seule dans les catacom…

Oh! Vous ne lui avez pas parlé des catacombes, j'espère? Ni de la maison du Député?

Ouf! J'ai eu peur… Il ne faut pas sauter d'étapes tout de même.

Il va falloir que je la rencontre, cette Joée, et que j'évalue… Heu, oui, bien sûr… que *NOUS* la rencontrions et que *NOUS* évaluions sa candidature et qu'après, *NOUS* passions au vote, puis…

Mais j'y pense… Si Joée écrit de la poésie, c'est qu'elle est une bolée en français! Vous croyez qu'elle pourrait m'aider? Je dois présenter un exposé oral dans un peu plus d'un mois, un truc aussi nul que compliqué…

Ce matin-là, il semblait inspiré, notre prof: « Racontez

l'arrivée de votre famille dans notre jolie ville.» Ouais! «Il faut célébrer le bicentenaire de notre ville de manière éclatante! qu'il clamait, avec sa grosse voix. Nous allons faire un concours. Il y aura des prix à gagner!»

Bah! Je n'ai aucune chance. À part ma mère et mon père, je ne la connais pas, moi, ma famille. Je n'ai jamais rencontré mes grands-parents – ni maternels ni paternels. De plus, voilà quelques années, mes parents se sont brouillés avec le reste de la parenté. Aucune idée pourquoi, mais je peux vous assurer que ça fait des réveillons de Noël plutôt maigres... et pas beaucoup de cadeaux sous l'arbre!

On ne parle jamais de la famille à la maison. Je ne pose

plus de questions depuis longtemps. Chaque fois que je demandais des nouvelles d'un oncle ou d'une tante, d'un cousin ou d'une cousine, maman prétendait qu'elle était occupée à réfléchir à une nouvelle recette de chocolat. «C'est très compliqué, chérie, le chocolat, qu'elle disait. C'est de la chimie, après tout.» Quant à papa, lorsqu'il était de passage à la maison et que j'arrivais à l'attraper, il se jetait aussitôt sur son cellulaire. Il m'annonçait qu'il devait téléphoner au Mexique ou en Thaïlande pour s'informer de l'état du marché des niches à chiens là-bas.

Parfois, à la maison, j'ai l'impression de vivre dans une petite bulle. Si vous n'étiez pas là, je ne sais pas à qui je...

Bon, voilà la cloche qui sonne maintenant! Moi qui n'ai même pas goûté à la salade d'artichauts de Robert.

Alors, on se donne rendez-vous après l'école?

Non, Robert, pas à la maison du Député. Trop risqué.

Soyons prudents pour quelque temps. Ces jours-ci, Pinotte a des yeux tout le tour des oreilles… Euh, bon, tout le tour de sa petite tête, alors…

Évitons d'aller trop souvent à la maison du Député ou dans les catacombes. Évitons surtout d'y aller en groupe. Si on nous apercevait, nous aurions l'air de suspects trop… suspects.

Au Sourire de l'Aztèque?

Bonne idée, Amélie! Va pour la chocolaterie de ma mère. Une fois n'est pas coutume. Et des tas de chocolats faits main, ça nous redonnera de l'énergie après un épuisant après-midi d'école!

Journal intime de Robert Dumas

Prière
de respecter le secret
professionnel
sous peine
d'amendes salées

Il se fait tard,
mais je n'ai pas sommeil.
Alors pourquoi ne pas parler
à quelqu'un qui me comprend?

Cher journal,
Dis-moi: un vrai de vrai bon détective peut-il faire enquête sur lui-même?

Si oui, comment doit-il s'y prendre pour se poser à lui-même des questions indiscrètes? Et, ensuite, comment se rend-il compte si ses réponses sont honnêtes ou un simple tissu de mensonges?

J'ai été officiellement chargé par l'Agence de détectives Bizarroïdes et compagnie de mener une vaste enquête scientifique sur les faits et gestes du Député, mais… c'est plutôt ma vie à moi qui, ces jours-ci, me paraît énigmatique.

Je dois l'admettre, cher journal : par les temps qui courent, je ne sais plus où donner du cœur !

Amélie, Marie, Marie, Amélie… Ça me donne le tournis !

J'y reviendrai plus tard.

▲ ▲ ▲

Pinotte a déclaré un cessez-le-feu unilatéral.

Amélie, Marie et moi n'en sommes que plus nerveux.

À l'école, dans la cour de récréation, dans les corridors, à la cafétéria, nous le surprenons sans cesse à nous observer.

Un hasard, tout simplement, dis-tu.

Cher journal, quand il s'agit de Pinotte, je ne crois plus au hasard. D'ailleurs, Pinotte ne sait pas épeler le mot «hasard», c'est un mot difficile avec un *h* caché. On raconte d'ailleurs qu'il éprouve de grandes difficultés à épeler son propre nom!

Mais détrompe-toi, cher journal : il nous observe. Il nous étudie, il nous scrute à la loupe, il nous épie…

Ouais, il nous observe en effet, et de très près… mais à distance.

Enfin, tu vois ce que je veux dire.

Lorsque nous tournons la tête vers lui, nous voyons aussitôt apparaître sur son visage un grand sourire chaleureux, un sourire qui remplace – avec peine, il va sans dire – la grimace qui s'y trouvait quelques secondes plus tôt.

Pinotte nous fait ensuite un signe «amical» de la main, du genre «Salut, mes potes de toujours!»

Il n'a pas encore poussé le cirque jusqu'à venir s'asseoir à notre table le midi, mais ça ne saurait tarder.

— Pinotte nous suit à la trace, a dit Amélie la première journée (à la sortie de l'école, elle avait glissé sa main dans la mienne; nous passions, dans le parc, devant la fontaine qui a l'air, ces jours-ci, d'une grande baignoire vide et sale).

— J'ai l'impression de jouer aux espions, a ajouté Marie (en disant cela, elle a jeté un coup d'œil rapide à ma main qui serrait celle d'Amélie).

— Bblbblbbbl, ai-je dit, à peu de chose près (ça me fait tout drôle quand Marie nous voit, Amélie et moi, main dans la main).

J'avais décidé, ce matin-là, que nous n'étions pas en automne. Je ne portais qu'une petite veste par-dessus mon chandail à col roulé (cadeau d'Amélie) et des baskets qui auraient été plus appropriés pour la plage. Je grelottais donc. J'avais froid partout sauf… à la main, nichée dans celle d'Amélie.

— Nous trouverons bien une manière de lui échapper, a dit Marie.

— Et moi qui voulais faire du ménage dans la maison du Député! a grogné Amélie.

— Attends quelques jours, a suggéré Marie.

Moi, je n'ai rien ajouté.

Les lacets de mes baskets étaient dénoués.

Je m'en étais aperçu en quittant l'école, mais Amélie, comme je te l'ai déjà mentionné, avait glissé sa main dans la mienne.

Je ne voulais surtout pas rompre le charme pour une chose aussi futile que des lacets dénoués.

Tu sais, cher journal, sa main est si douce... on dirait même parfois qu'elle palpite – on dirait vraiment qu'elle respire, oui, délicatement, comme un petit animal.

Mon cœur palpitait aussi.

Et je savais que Marie nous regardait.

J'étais bien, là où j'étais... mais j'aurais quand même

voulu me retrouver ailleurs, bien loin, dans un pays n'apparaissant sur aucune carte, ni dans aucun manuel de géographie.

Je n'ai rien dit.

J'ai plutôt choisi de trébucher sur mes damnés lacets.

Et je suis tombé face première dans la seule mare de boue à des mètres et des mètres à la ronde.

▲ ▲ ▲

Cher journal,

De ma chambre, la porte fermée, je les entends, papa et maman, qui se disputent.

Les murs ne tremblent pas: ce soir, ils n'ont monté le volume de la dispute qu'au Niveau 6. Parfois – heureusement, ça n'arrive pas trop souvent –, leurs disputes atteignent le Niveau 9, ce qui signifie «Niveau des gros mots», «Niveau des larmes» et aussi «Niveau de la porte de chambre qui claque».

Oh! Je te prie de m'excuser, cher journal! Je ne voulais pas t'alarmer!

Non, papa et maman ne se dirigent pas à toute allure vers le divorce.

Pas du tout.

Ils se disputent, voilà tout.

Comme ils diront, plus tard, ils «argumentent énergiquement».

Ils «soulignent leurs différends».

Ils font «sortir le méchant».

La dispute se révèle, prétendent-ils, leur façon à eux de régler des problèmes. Petits et grands. Bien sûr, remarquerait-on avec sagesse, ils pourraient discuter sur un ton plus posé;

chacun pourrait faire valoir calmement son point de vue, analyser objectivement celui de l'autre, négocier, faire des concessions, mais... Non, ce n'est pas leur façon à eux de fonctionner.

Ce soir, ils se disputent, volume Niveau 6, à propos des emplois de papa.

Tu te souviendras, cher journal, que je te racontais, voilà quelques semaines, que mon père travaillait dans le domaine de la restauration comme cuisinier.

C'était un bon cuisinier, ça je peux l'affirmer, car maman et moi avons souvent fait de joyeux festins au restaurant qui l'employait.

Travaillait. C'était. Employait.

Trois verbes à l'imparfait de l'indicatif. Très imparfait.

Car maintenant, papa, entré de plain-pied dans la quarantaine, a décidé de changer de carrière.

Il veut se «réinventer».

Il veut «découvrir son vrai lui-même».

(*Tiens,* dirais-tu, cher journal, *tout comme la mère de Marie.* Ouais, mais avec des résultats très différents!)

— Je ne peux pas m'imaginer cuisinant les mêmes plats pour des étrangers jusqu'à ma retraite, a-t-il déclaré un matin. Je veux reprendre le contrôle de ma vie.

Évidemment, cette annonce a surpris maman.

Ce qui a surtout surpris maman, c'est que papa n'avait aucune idée du nouveau métier «revalorisant» qu'il aurait aimé choisir.

Toutes les deux semaines, papa change donc de boulot.

Il a travaillé dans un bureau, comme vendeur d'assurances.

Dans un grand magasin, comme vendeur de vêtements pour hommes.

Chez un concessionnaire d'automobiles, comme vendeur d'automobiles.

Et... mon pauvre, *pauvre* papa n'a jamais réussi à vendre quoi que ce soit!

D'où la dispute, volume Niveau 6, qui a lieu présentement au rez-de-chaussée.

Mais je le répète: ne t'en fais pas.

D'ici quelques minutes, une heure au maximum, ils vont en arriver à une décision (j'espère que papa redeviendra cuisinier dans un grand restaurant, car j'adore son agneau aux trois coulis de fromage bleu). Puis, ils vont peu à peu faire la paix. Puis, ils vont s'embrasser. Et se serrer bien fort. Enfin, lentement, bras dessus, bras dessous, ils vont remonter à leur chambre pour la suite des événements, suite dont je ne dois pas, tu le comprendras, être témoin.

▲ ▲ ▲

Deux semaines plus tard, dans la maison du Député, en entrant dans cette pièce qui est devenue notre second quartier général, j'ai hésité quelques secondes.

Ensuite, tu l'auras deviné, cher journal, j'ai rougi.

Amélie et Marie étaient déjà arrivées. Assises par terre, sous la petite fenêtre (décorée, depuis quelques jours, par les bons soins d'Amélie, d'un joli rideau de bambou), elles discutaient ferme de je ne sais trop quoi. Elles se sont tues lorsque j'ai mis les pieds dans la pièce.

J'ai hésité.

Mes yeux allaient de gauche à droite, puis de droite à gauche.

Amélie, Marie, Amélie, Marie.

Mes yeux ne semblaient pas vouloir s'arrêter.

Je me demandais : « À qui dois-je dire bonjour en premier ? »

Je ne savais pas laquelle choisir : dans la lumière du matin, découpée en lanières brillantes par les lattes du rideau de bambou, Amélie et Marie me paraissaient également jolies toutes les deux.

Eh! Robert! me grondes-tu. *On ne choisit pas à qui l'on va dire bonjour simplement en fonction de sa beauté!*

Je sais, je sais! Mais, que veux-tu, je... elles étaient si belles que ça me rendait muet et tout embrouillé.

Amélie, avec ses cheveux blancs qu'elle avait bouclés, ce matin-là – des douzaines et des douzaines de petites boucles qui cascadaient sur ses épaules.

Marie, avec ses yeux verts qui pétillaient, qu'on pouvait presque entendre rire, son petit nez retroussé et ses lèvres, toujours rouges et brillantes...

Je ne voulais pas froisser Marie, surtout pas! Je la connais depuis un peu plus d'un an. Et... elle fait, parfois, encore, un peu, et même beaucoup – bien que j'ose à peine le confesser – battre mon cœur.

Je ne voulais pas froisser Amélie non plus, que j'apprends à connaître chaque jour davantage, et qui fait aussi battre mon cœur (ce cœur qui n'en peut plus de battre la chamade!).

Que fait-on, cher journal, dans une situation pareille?

Eh ben, voilà ce que moi, Robert Dumas, membre en règle et cofondateur de l'Agence de détectives Bizarroïdes et compagnie, anciennement Club des bizarroïdes tout court, voilà donc ce que moi, j'ai fait: je leur ai offert, à chacune, un... un demi-sourire!

Un demi-sourire qui avait sûrement l'air d'un demi-n'importe quoi.

Puis, j'ai rougi à perdre haleine (d'accord, l'expression ne s'applique pas tout à fait mais, bon, c'est la seule qui me vient en tête), et je suis allé m'asseoir de l'autre côté de la pièce, sous la photo d'Éva (joliment encadrée par les bons soins d'Amélie).

Marie m'a aussitôt demandé :

— Personne ne t'a suivi?

J'ai répondu, avec mon assurance légendaire :

— Euh... Crois pas... J'ai vu personne... Sais pas...

Et je me suis tu...

Puis, j'ai bâillé à m'en décrocher les mâchoires.

Comme il était tôt, cher journal. Si tôt!

J'avais les yeux encore pleins de sommeil. J'avais parcouru le chemin de chez moi jusqu'à la maison du Député comme un mort-vivant. Un mort-vivant épuisé, qui n'avait pas faim, qui voulait juste retourner dans sa tombe.

Sept heures du matin!

Je ne me lève *jamais* à sept heures du matin, pas même les jours d'école!

— Je suis sûre que Pinotte dort jusqu'à midi un jour de congé, avait déclaré Marie, la veille.

— Si Pinotte dort comme une bûche, avait ajouté Amélie, il ne peut pas nous suivre.

— Sauf en rêve. Si, bien entendu, il possède assez de matière grise pour rêver!

Je n'avais jamais pu les convaincre qu'il est *si* bon de dormir tard, tard, très tard, une journée de congé.

Alors j'ai bâillé, longuement, bruyamment, pour qu'elles

se sentent toutes deux coupables.

Ça n'a pas fonctionné du tout. Marie a lancé :

— As-tu découvert quelque chose d'intéressant à propos du Député ?

Et Amélie a ajouté, presque en même temps :

— As-tu découvert pourquoi le Député s'était enfui ?

Et Marie a statué :

— C'est le temps de nous faire ton rapport officiel !

Pour toute réponse, j'ai grogné.

Amélie a alors fouillé dans son sac à dos et en a sorti un berlingot de jus. Elle a traversé la pièce, me l'a offert.

— Ça va t'aider à émerger des limbes, a-t-elle dit en me faisant un clin d'œil.

T'ai-je déjà mentionné, cher journal, que lorsque Amélie s'adresse à moi, j'ai souvent l'impression qu'elle chante? Est-ce à cause de son curieux accent parisien? Ou est-ce plutôt parce que, avant de rencontrer Amélie, je n'avais jamais eu une vraie de vraie petite amie officielle?

J'ai bu une longue gorgée de jus. J'ai, bien sûr, failli m'étouffer. J'ai repris mon souffle et j'ai dit:

— C'était un voleur.

Endormi ou pas, j'avais soigneusement choisi mes mots. J'aurais pu dire: «Le Député, c'était un homme très riche et très apprécié par les membres de sa communauté. Malheureusement, il a un jour commis un certain nombre d'actions illégales.» J'aurais pu. Mais quoi de plus percutant, de plus dramatique, de plus surprenant, de plus... euh... captivant que de dire, comme ça, mine de rien: «C'était un voleur.»

— Je le savais! s'est exclamée Marie.

Marie sûre d'elle, Marie triomphante, Marie qui s'enthousiasme, c'est une Marie à qui il a poussé des ailes en même temps qu'un grand sourire. Elle devient comme plus... légère. Comme lumineuse. On oublie qu'elle a quatre doigts par main et que, souvent, elle cache ses mains dans les poches de son jean. On devine qu'elle l'a oublié elle aussi, car elle se met à gesticuler. Elle pourrait avoir cinq doigts par main, ou dix ou vingt, que ça ne changerait rien à rien.

— Un voleur? Hum… intéressant, ça… a murmuré Amélie qui était maintenant assise tout près de moi.

J'ai pris tout mon temps avant de poursuivre (sinon, j'aurais bredouillé lamentablement ; voilà ce qui m'arrive quand Amélie se tient à mes côtés), puis j'ai dit :

— Je n'ai pas terminé mon enquête à la bibliothèque, mais il semble qu'il a volé de l'argent au conseil municipal. Il me reste encore quelques exemplaires du *Bon entendeur* à éplucher. Toutefois, j'en ai lu assez pour comprendre qui il était *avant*. Tout le monde le respectait. Il était riche.

— Tout le monde le respectait parce qu'il était riche, a fait Amélie avec une grimace (même lorsqu'elle fait la grimace, Amélie demeure toujours jolie).

— Ou tout le monde avait peur de lui et le respectait parce qu'il était riche, a ajouté Marie.

J'ai hoché la tête et j'ai continué :

— Le Député a fait construire l'école.

— Ça, nous le savions déjà, a dit Marie.

— Le magasin général lui appartenait. La boulangerie en face de l'église aussi. Il était également propriétaire de plusieurs maisons, qu'il louait à prix fort, et pas seulement à des ouvriers : au docteur, au notaire, au dentiste également. Il possédait une boucherie ainsi qu'une érablière à l'extérieur de la ville – qui n'était qu'un grand village alors.

J'ai bu une autre gorgée de jus. Jamais je ne parle aussi longtemps sans m'enfarger. Amélie se tenait très près de moi. Marie nous regardait. Je me sentais coupable. De quoi au juste? De tout et de rien…

J'ai conclu:

— Le Député apparaît dans presque chaque numéro du *Bon entendeur*, mais… je n'ai jamais lu quoi que ce soit à propos d'Éva.

— Ça ne m'étonne pas, a lancé Amélie d'une voix bizarre.

▲ ▲ ▲

L'an dernier, j'ai vu un film racontant les aventures d'un homme qui voyageait dans le temps. Un vieux film que ma mère nous avait loué afin de me convaincre que les films qu'Hollywood produisait par le passé étaient cent fois meilleurs que ceux qu'Hollywood produit aujourd'hui. Bof!... Dans ce film, l'homme voyageait vers le futur dans une machine qui avait l'air d'une chaise de barbier décorée par la mère Noël. On voyait l'homme découvrir les années, puis les siècles à venir. Tout lui semblait étrange. Déjà, après un saut de puce d'à peine quelques années dans le futur, il ne reconnaissait plus rien. Même les vêtements des gens et leurs coiffures l'étonnaient.

Pendant plusieurs heures, moi aussi j'ai voyagé dans le temps. Vers le passé.

Pour effectuer mon voyage dans le temps, j'étais assis sur une chaise de bois très dur, tout ce qu'il y a de plus ordinaire : sans dorures, sans lumières qui brillent, sans musique mystérieuse, sans effets spéciaux… et pas de monstres qui rôdaient autour non plus : une simple, toute bête et pénible chaise de bibliothèque.

J'ai voyagé dans le passé sur des ailes de papier jauni.

J'ai découvert un monde irréel : ces gens qui ne souriaient jamais, les vêtements sombres qui paraissaient les étouffer, les coiffures toutes semblables et sans imagination, et les lieux, mystérieux… mais curieusement familiers à la fois.

▲ ▲ ▲

La bibliothécaire, qui s'appelle Mademoiselle Grauss, mais ne l'est pas, a sourcillé.

— Tous nos vieux journaux?

J'ai secoué la tête.

— Non. Seulement ceux des années 1890 à 1920.

— Ah! *Seulement...* Mon pauvre garçon, pourquoi ne vas-tu pas plutôt choisir l'une de nos belles encyclopédies? J'en ai reçu de superbes la semaine dernière... C'est tellement moins encombrant...

J'ai secoué la tête de nouveau.

J'ai menti:

— C'est pour le bicentenaire. Je dois rédiger cinq pages sur une partie de l'histoire de notre ville. Ma prof m'a chargé d'étudier ces années-là et elle a insisté pour que j'utilise de *vrais* articles tirés de *vrais* journaux. Elle a dit que je devais me «plonger dans les nouvelles authentiques de l'époque».

La bibliothécaire a poussé un long soupir. Je l'entendais presque penser: *Trente ans de vieux journaux... Je vais ramasser de la poussière pendant des semaines!*

Notre bibliothèque municipale n'a rien de moderne. Rien comme ce que l'on voit dans les grandes villes. Un seul ordinateur, une antiquité, utilisé exclusivement par Mademoiselle Grauss, pas de microfilms, seulement du papier: du neuf à du moins neuf, du vieux à du très *très* vieux.

La bibliothécaire m'a installé à une grande table dans un coin de la salle, vide encore à cette heure, et elle s'est absentée pendant quelques minutes.

Pendant ce temps, j'ai écouté le silence...

J'écoutais le silence et je pensais à Amélie. Puis à Marie. Puis à Amélie…

Vois-tu, cher journal, lorsque je n'ai rien à faire de mes dix doigts ni de mes deux yeux, ni de mon cerveau un peu encombré, je pense à Amélie. Je revois alors un sourire qu'elle m'a fait la veille, ou bien un joli regard amusé (quand elle enlève ses lunettes de soleil, bien entendu), ou je flaire, comme si elle se tenait à côté de moi, son délicieux parfum de muguet.

Je me sens alors tout confortable à l'intérieur. Chaud, douillet, un petit peu joyeux et… un peu triste aussi. Étrange, n'est-ce pas?

Mais voici plus bizarre encore: peu à peu, dans ma tête, sans que je m'en aperçoive, le visage d'Amélie se transforme.

Les yeux, le nez, les lèvres changent. Les cheveux aussi. La voix dans mes souvenirs ne me semble plus la même. Le rire non plus. Et il y a ces blagues que je me mets soudain à entendre. Il ne s'agit certainement pas de celles d'Amélie, car elle n'en fait pas souvent, mais celles de… Marie, qui, elle, adore plaisanter pour un oui et pour un non. Soudain… soudain, c'est à *Marie* que je me mets à penser, et – ne me gronde pas, cher journal – je me sens tout aussi heureux… (C'est pourquoi j'écrivais, il y a quelques minutes : *Un vrai de vrai bon détective peut-il faire enquête sur lui-même?* Je n'arrive pas à me comprendre. Amélie, Marie, Amélie… Je ne sais plus quelles questions me poser. Je ne sais pas non plus quelles réponses me donner!)

Mademoiselle Grauss est réapparue, poussant devant elle un chariot en métal chargé de grands albums noirs.

— Voilà tout ce que j'ai pu trouver, m'a-t-elle annoncé poliment, en s'époussetant les mains (mais ses vêtements étaient couverts d'une fine poussière grise, et la bibliothécaire paraissait visiblement ennuyée). Notre journal local, le *Bon entendeur*, ne publiait pas un numéro chaque semaine. J'imagine qu'il ne se passait pas toujours quelque chose d'important. Tu devrais toutefois trouver tout ce qu'il te faut pour ton travail.

Avant de retourner à son bureau, elle a ajouté:

— Ta prof n'aurait pas pu te demander de faire un travail

sur la vie secrète des salamandes tachetées?

De mon sac à dos, j'ai extrait mes outils de détective professionnel en herbe : une longue tablette de papier (piquée à ma mère, qui adore y dresser, pour papa et pour moi, des listes de choses à faire), une règle, une gomme à effacer et une pleine boîte de crayons fraîchement taillés.

J'ai déposé sur la table le premier album, plutôt mince. Sur la couverture, on pouvait lire la date, imprimée en gros chiffres dorés : *1890*.

J'ai ouvert l'album.

Et je me suis demandé aussitôt si je n'allais pas tout laisser tomber.

Le *Bon entendeur* du lundi 27 janvier 1890 n'avait que quatre pages, mais chacune d'entre elles était couverte d'un milliard de mots imprimés si petits et si pâles qu'à tenter de les déchiffrer, mes yeux se sont aussitôt remplis de larmes.

Après avoir hésité quelques instants (elle aurait sans doute adoré que j'abandonne mes recherches et me jette sur la première bande dessinée venue), la bibliothécaire m'a prêté une loupe. Maintenant, j'avais vraiment l'air d'un détective privé! Il ne me manquait plus qu'une pipe et qu'un chapeau à la Sherlock Holmes.

Je me suis penché sur le cahier et j'ai lu, sous le titre *DE RETOUR PARMI NOUS*, le texte suivant :

> C'est avec grand plaisir que j'ai pu, en tant que dévoué rédacteur en chef du *Bon entendeur*, rencontrer le juge Laforêt et sa charmante épouse à leur retour d'un

long voyage en Europe. Ce couple exemplaire, qui fait l'honneur de notre communauté, semblait heureux de revenir parmi nous (surtout que j'ai pu comprendre que la discrète Dame Laforêt, née Hortense Savoie, avait dû demeurer alitée pendant une longue partie de leur séjour dans le pays de nos ancêtres). « Paris possède bien des attraits pour de simples provinciaux comme nous, a déclaré le Juge en allumant un havane odorant, mais nous préférons cent fois mieux les charmes de notre petite bourgade. » J'ai pu visiter la magnifique villa du Juge, construite, voilà trois ans déjà, en même temps que le non moins magnifique collège Molière dont notre ville s'enorgueillit. Le sympathique Juge m'a confirmé qu'il songe à se lancer en politique afin d'affronter le député sortant qui, de l'avis de notre concitoyen, n'agit pas dans l'intérêt des gens du peuple et…

Tu te serais ennuyé, cher journal, à tourner les pages du *Bon entendeur* de 1890. Imagine : aucune photo ! Pas une seule, pas la moindre, pas du tout ! Ni couleur, ni noir et blanc, rien ! Seulement des gravures qui ressemblaient parfois à des dessins pour enfants, et des caricatures auxquelles je n'ai rien compris.

« Bon, au boulot ! » me suis-je dit.

Je me suis étiré. J'ai fait craquer mes jointures (c'est comme ça, je crois avoir lu quelque part, que les grands investigateurs se préparent à enquêter). J'ai pris un crayon et j'ai écrit, au haut de la première page de ma grande tablette : L'HISTOIRE DU DÉPUTÉ.

▲ ▲ ▲

Je mâchouillais l'un des chocolats extra-noir que Marie nous avait donnés en guise de petit-déjeuner.

— Le Député, dis-je la bouche pleine, s'appelait Julius Laforêt. Son épouse s'appelait Hortense. Hortense Laforêt car, à l'époque, les femmes renonçaient à leur nom pour prendre celui de leur mari. J'ai passé toute la journée plongé dans les pages du *Bon entendeur,* mais jamais je n'ai pu trouver la moindre mention à propos d'Éva.

(STOP! lances-tu, cher journal. *Éva par-ci, Éva par-là. Éva à toutes les sauces! Il me semblait qu'elle s'appelait Hectorine, la fille du Député, ou Amandine, ou Hermine, ou Bénédictine, ou Clémentine, ou Zéphirine?*

Hé, que je suis bête! Quel bon détective je fais! Je n'arrive même pas à raconter mon histoire d'un bout à l'autre sans m'emmêler!

Bon, alors voilà: c'est Amélie qui a découvert le vrai prénom de la fille du Député.

Amélie se préparait à encadrer la photo de famille qu'elle avait trouvée, tu te souviendras, au fond d'un coffre rempli de photos d'époque.

Dans la demi-obscurité de la maison du Député, nous n'avions rien vu, mais quand Amélie a sorti la photo chez elle, en pleine lumière, elle a déchiffré, au verso, presque complètement effacés, ces quelques mots: *Photo de moi, Éva Laforêt, et de mes parents chéris.*

La marraine de l'Agence de détectives Bizarroïdes et

compagnie s'appelait donc Éva. Voilà. Est-ce que je peux continuer mon histoire?

Bien sûr, dis-tu, puis tu ajoutes: *En espérant que tu ne me caches rien d'autre!*)

— Elle a pourtant existé! s'est exclamée Marie. Tu as peut-être mal lu?

Irrité qu'on doute de mes talents d'investigateur, j'ai répliqué:

— J'ai lu à m'en arracher les yeux. Je connais presque tout du Député – enfin, tout ce que les journalistes rapportaient sur lui et, parfois, sur son épouse. Je sais qu'il était très riche, et que le village lui appartenait presque en entier. Il était juge au départ, puis il a fait de la politique pendant quelques années. Il a aussi été maire de notre ville... l'année précédant sa disparition. Le Député occupait son temps à amasser sa fortune et à faire, j'imagine, diminuer celle des autres. Pendant ce temps-là, Hortense se chargeait d'œuvres de bienfaisance. Mademoiselle Grauss m'a mis à la porte de la bibliothèque avant que j'aie eu le temps de terminer mes recherches. Je venais tout juste de lire un article, écrit par un journaliste qui signait «Jesuisinquiet». Dans cet article, Jesuisinquiet parlait d'une enquête que le nouveau maire avait lancée contre le Député. L'article insinuait que ce dernier avait détourné des sommes importantes des fonds municipaux. Je n'en sais pas plus. Si vous voulez, je retournerai à la bibliothèque samedi prochain.

— Mais Éva? a insisté Marie.

— Si je me fie à ce que j'ai lu jusqu'à présent, le couple Julius et Hortense Laforêt n'a jamais eu d'enfants.

— Surtout pas un enfant avec quatre doigts par main, a grommelé Marie.

J'ai haussé les épaules.

— Le mystère demeure entier.

— Pas tout à fait, a dit Amélie en se levant.

— Le mystère n'est pas tout à fait un mystère? a demandé Marie.

Amélie a tiré de son sac à dos une grande enveloppe et est revenue s'asseoir.

— Viens, a-t-elle dit à Marie. J'ai quelque chose à vous faire lire.

— Les nouveaux poèmes de Joée? ai-je demandé.

— On n'a toujours pas décidé si elle devait faire partie du club, celle-là, a rappelé Marie.

Amélie a secoué la tête.

— Viens, Marie.

Marie s'est installée à côté de moi.

Amélie à ma gauche, Marie à ma droite. Toutes deux très près de moi.

Ouf! Cher journal, comme j'avais chaud tout à coup!

Amélie a déposé l'enveloppe sur mes genoux.

Elle avait collé une étiquette sur l'enveloppe et, sur cette étiquette, elle avait tracé, au crayon gel violet:

La Vie cachée d'Éva

J'allais ouvrir l'enveloppe. Amélie a posé sa main sur la mienne, et a dit:

— Attends, Robert. Il faut que je vous raconte comment j'ai trouvé ça.

Puis, elle a eu un petit rire et a ajouté :

— Étonnants, les mecs, ce qui peut arriver lorsqu'on fait le ménage !

Lettre d'Amélie Blanche à son père*

* Comme les autres, jamais mise à la poste.

Cher Daddydounet,

De quelle couleur est le ciel à Paris? (Ne me demande pas pourquoi, mais mon petit doigt me dit que tu vis toujours à Paris, que tu n'as jamais quitté notre ancien appartement.)

Souvent, lorsque je regardais par la fenêtre de ma chambre, le ciel au-dessus de l'église Saint-Germain me paraissait *vieux*. Un vieux ciel drapé de vieux nuages effilochés. Avec de vieux oiseaux aussi, qui le traversaient lentement, sans jeter un coup d'œil en bas, tant ils connaissaient par cœur le paysage qu'ils survolaient.

Maman me disait parfois, lorsque nous partions, le mercredi ou le dimanche, pour nos Grandes Promenades Mère-Fille, que marcher dans Paris, c'est marcher dans l'Histoire.

— Nous marchons dans les pas de rois et de reines, dans ceux de grands écrivains et de philosophes illustres.

Je levais les yeux. Je savais que le ciel de Paris avait été témoin de cette Histoire avec un *h* majuscule. Il les avait vus, ces dizaines de personnages célèbres. Un ciel ancien. Pas comme ce ciel que je vois maintenant, chaque jour, depuis que nous avons traversé l'Atlantique (dans un avion où tous les gens, enfoncés dans leurs sièges trop étroits, me semblaient gris et grognons) pour nous établir dans notre nouveau pays.

Par ma chambre, ce matin, le ciel est tout neuf – bleu frais, bleu brillant. Quelques nuages potelés s'y sont installés et restent là sans bouger. Les oiseaux, noirs, croassant, volent vite. Ils regardent partout ; on dirait qu'ils veulent tout voir.

Cher daddydounet, comme je m'ennuie du vieux ciel de Paris ! Beaucoup ! Tellement ! Énormément !

Presque autant que je m'ennuie de toi...

▲ ▲ ▲

Tu sais que je suis une jeune fille bien qui déteste le désordre... ailleurs que dans sa chambre ! Dès que je mets les pieds hors de mon repaire, tout doit se trouver à sa place, propre, bien classé. *Une place pour chaque chose, et chaque chose à sa place.*

— Ouais, en effet, dis-tu en repliant ton journal et en le glissant dans ta serviette. Ta mère et moi, nous n'avons jamais compris.

Les étudiants de la fac (au bout de la rue) ont envahi depuis peu le bistrot où tu t'étais arrêté pour petit-déjeuner en paix. Ont-ils passé la nuit à préparer un examen? Tu les trouves bruyants ce matin, dissipés comme des élèves du primaire à la veille d'un long congé.

— Tu rangeais tout dans l'appartement, poursuis-tu, même ce qui n'avait pas besoin de l'être. *Sauf* ta chambre. On aurait dit la tanière d'un grand fauve!

Je m'y retrouve, dans mon désordre. Mais pas dans celui des autres!

Et tu peux te moquer, mais c'est en rangeant et en faisant le ménage dans la maison du Député que j'ai découvert la vie d'Éva.

— Tiens… tes amis ne t'aident pas à faire le ménage? demandes-tu (en jetant un coup d'œil discret à une charmante étudiante assise toute seule à sa table, plongée dans un manuel épais comme ça). Il me semblait que la maison du Député était devenue votre Q. G. à vous trois?

Ils ont offert de m'aider, bien sûr. Crois-tu qu'ils sont flemmards? Ils me l'ont offert deux fois plutôt qu'une. Mais j'ai refusé. J'ai trouvé des prétextes: je leur ai dit que je voulais m'en occuper à mon rythme, qu'il fallait bien que j'acquitte mon droit d'entrée dans le Club des bizarroïdes, je leur ai raconté à peu près n'importe quoi...

La vérité, daddydounet, c'est que je l'aimerais pour moi toute seule, la maison du Député.

— Pour toi toute seule?

Oui. D'ailleurs, si j'étais tout à coup une adulte, je l'achèterais.

— Tu l'achèterais?

Oui, oui! Et je la transformerais.

— D'un coup de baguette magique?

Arrête de blaguer!... Je la transformerais en... en hôtel, tiens. C'est ça, en hôtel! La maison du Député compte vingt-trois pièces, petites, moyennes et grandes. Une cave immense et un grenier presque aussi vaste. Rénovée, retapée, peinte dans toutes sortes de couleurs vives, la maison du Député ferait un hôtel sublime. On accourrait de partout pour y dormir une nuit, deux nuits, une semaine entière! Des hommes et des femmes d'affaires s'accrocheraient à leur portable et se diraient: «Allons à Saint-Machin-sur-Truc. J'ai entendu parler d'un hôtel sympathique. Exactement ce qu'il nous faut pour notre réunion annuelle.» Des amoureux viendraient y vivre leur jeune amour. Des nouveaux mariés, leur lune de miel. Des écrivains décideraient d'y rédiger leurs prochains chefs-d'œuvre.

— Mais quelle imagination! t'exclames-tu (avant d'esquisser

un sourire charmeur à l'étudiante alors qu'elle lève la tête un instant).

Mais la vraie vérité vraie, c'est que je voulais être seule.

J'adore me promener en solitaire dans la maison du Député.

Le jour, il y a juste assez de lumière... juste assez pour faire naître des fantômes délicieusement effrayants. Juste assez aussi pour noyer mes idées noires lorsqu'elles décident de montrer le bout de leur nez.

— Des idées noires, Amélie? demandes-tu. Mais je croyais qu'avec ton petit ami, Robert, tu avais abandonné tes...

Dans la maison du Député, on entend à peine mes pas. Les planchers craquent un peu sur mon passage, mais doucement, comme pour m'accompagner, comme si la maison voulait répondre à mes questions.

— Quelles questions te poses-tu, ma tendre Amélie?

J'erre des heures sur tous les étages. Là où il y a encore un centimètre de poussière sur le parquet usé, je suis la trace de mes propres pas. Comme si je tentais de me rattraper. Je marche dans un monde qui m'appartient. Quand les autres n'y sont pas. Un monde pas complètement réel, pas complètement de rêve. J'imagine que, dans ce monde-là, il pourrait m'arriver n'importe quoi.

— Il ne t'arrivera pas grand-chose, commentes-tu avec un peu d'inquiétude paternelle dans la voix, si tu traînes toute seule dans une grande maison vide.

Me promener dans la maison du Député, c'est comme me promener dans un château hanté à Paris.

— Il n'en pleut pas, des châteaux à Paris. Hantés ou pas.

La maison du Député, c'est aussi comme une maison de poupée démesurée.

— Tu n'es pas une poupée, Amélie. Tu es une jeune fille tout ce qu'il y a de vrai.

Oui, daddydounet, mais, aujourd'hui, je suis une vraie jeune fille qui pourrait vivre sa vie entière dans une vieille maison abandonnée, pleine de poussière et d'ombres qui se tordent dans les coins, prêtes à devenir des fantômes grinçants!

Mais je m'égare.

Il y a Éva qui veut que je te parle d'elle.

Éva qui a caché sa vie en attendant que je la découvre.

— Qui a caché sa vie? demandes-tu en faisant signe au garçon de t'apporter un nouveau café. (L'histoire commence à t'intriguer, n'est-ce pas? À moins que ce ne soit cette mignonne bachelière qui vient de te retourner ton sourire?)

▲ ▲ ▲

Jamais je n'avais autant bossé de toute ma jeune vie!

Serpillière, bac en plastique, savon, balai... Amélie Blanche, ménagère émérite!

Cent ans de crasse, cent ans de toiles d'araignées (Robert, qui désirait tant m'aider, n'aurait jamais pu affronter sans s'évanouir toutes ces toiles d'araignées – vides pourtant pour la plupart). Cent ans de poussière aussi. Tu aurais dû voir, daddydounet : des nuages de poussière, des tornades de poussière !

— Tu n'as quand même pas nettoyé la maison au grand complet ?

Quelle idée ! Bien sûr que non. J'en aurais eu pour des semaines !

J'avais plutôt décidé de seulement nettoyer, mais bien à fond, trois des chambres du premier, dont la plus petite, cette chambre d'enfant qui allait nous servir de nouveau Q. G.

Je m'étais mise à l'œuvre un dimanche matin, très tôt... mais, en milieu d'après-midi, je n'avais accompli que le tiers de mon programme ! Au moins, notre Q. G. brillait (presque) comme un sou neuf.

Il brillait, mais moi, tu ne m'aurais pas reconnue! Amélie Blanche était devenue Amélie Grise-et-noire, de la tête aux pieds. (Et personne n'aurait pu deviner la véritable couleur de mes véritables cheveux.) Mes genoux me faisaient hurler. J'avais les mains rouges et le bout des doigts froissés comme des prunes.

Le travail terminé, je me suis assise par terre, sous la fenêtre.

J'avais mérité mon goûter. Je m'apprêtais à boire un jus et à manger une tartine (pain de campagne, jambon de Bayonne et purée de tomates séchées), lorsque mon regard tomba soudain sur une tache sombre près de la porte, à l'intérieur de la garde-robe.

Attention, Amélie! que je me suis dit. *Le boulot n'est jamais vraiment terminé que lorsqu'il est tout à fait terminé.*

Avec un grand soupir, je me suis levée, j'ai ramassé un chiffon humide, j'ai traversé la pièce, je me suis agenouillée (ouille! mes genoux!) et j'ai frotté... frotté...

Et, tout à coup, je me suis arrêtée.

L'une des planches du parquet bougeait.

Je me suis dit:

— *Tiens, comme c'est bizarre...*

J'ai rapidement vérifié si les autres planches étaient solides. Seule celle-là jouait un peu. En me penchant, j'ai remarqué de petites éraflures, comme si quelqu'un en avait gratté l'une des extrémités.

— *Très bizarre tout ça,* me suis-je encore dit.

J'ai sorti mon canif suisse de mon sac à dos. La lame la plus courte glissait sans problème entre les planches.

— Tu as pris bien soin de ne pas te blesser, n'est-ce pas? demandes-tu.

Bien sûr: tu sais comment je déteste la douleur sous toutes ses formes!

J'ai inséré la lame entre les planches, l'ai fait jouer un peu et j'ai tiré doucement. La planche a résisté quelques secondes, puis s'est soulevée. Je l'ai prise et l'ai déposée derrière moi en tremblant.

— Tu savais que tu avais fait une découverte majeure! souffles-tu.

Non, daddydounet. Si je tremblais, c'est que je craignais

qu'il sorte du trou une araignée gigantesque. Ou un rat. Ou une araignée *et* un rat, main dans la main, me fixant avec leurs gros yeux rouges…

J'ai allumé ma petite lampe de poche et j'ai dirigé le rayon dans le trou du parquet.

— Il y avait quelque chose?

Si. Quelque chose de rouge. Retenant mon souffle (souviens-toi de l'araignée et de son joyeux compère le rat), j'ai glissé la main dans l'ouverture et j'en ai sorti un paquet d'à peu près trente centimètres de long sur dix de large, recouvert de velours rouge, vieux et poussiéreux, noué par un large ruban de dentelle.

Mon cœur battait fort. C'était le deuxième trésor que je découvrais dans la chambre d'Éva.

Je suis revenue m'asseoir sous la fenêtre.

Le nœud du ruban était si vieux qu'il s'est déchiré aussitôt.

Lentement, j'ai déplié le morceau de velours.

— Qu'est-ce qu'il y avait à l'intérieur, Amélie? (Tu sembles vraiment excité. Tu n'as d'ailleurs pas remarqué que la jeune étudiante vient de quitter le bistrot en te lançant un regard déçu. Il fallait qu'elle file à ses cours. Peut-être aurait-elle préféré entamer une conversation avec toi?)

Ce qu'il y avait à l'intérieur? Quinze feuilles de papier tout jauni, recouvert d'une écriture microscopique.

Peut-être étais-je épuisée par tout ce boulot auquel je m'étais attaquée dès potron-minet. Ou peut-être me sentais-je un peu trop seule dans cette immense maison. Je ne sais pas. Mais en lisant les premiers mots de la première page, tracés à l'encre brune, j'ai éclaté en sanglots.

15 octobre 1899

Aujourd'hui, papa ne m'a pas adressé la parole. Cela fera bientôt deux semaines qu'il ne m'a pas parlé. Il a l'air sombre et préoccupé. Ai-je donc été si méchante?

C'était Éva! Je le savais! La petite fille de la photo! La petite fille qui n'avait que quatre doigts à chaque main comme Marie!

Éva me parlait.

À moi, à moi toute seule, après toutes ces années!

J'ai essuyé mes larmes jusqu'à la dernière. (Je dois t'avouer que ça m'a pris un certain temps, car il semble qu'il y avait beaucoup de larmes là où les larmes s'accumulent sans qu'on le sache.)

Éva voulait me raconter quelque chose. Son histoire.

J'ai commencé à lire.

▲ ▲ ▲

Cher daddydounet, tu ne m'as toujours pas répondu : de quelle couleur est le ciel à Paris ?

Quand je me promène dans la maison du Député, le ciel, dehors, pourrait être gris, bleu ou jaune, que je ne saurais le deviner. Il pourrait d'ailleurs ne plus y avoir de ciel du tout – et le monde pourrait avoir cessé d'exister –, et cette maison, avec moi dedans, pourrait être la seule chose qui demeure dans tout l'univers ! – que je n'en saurais rien. Je ne sais pas si Robert et Marie ressentent la même chose que moi. Nous trois réunis dans notre Q. G., les conversations courent en tous sens, nous rions beaucoup, nous parlons de l'avenir: Robert, dont le lapin s'appelle Fusée, adorerait devenir le premier homme à mettre le bout du nez sur le sol de Mars ; Marie veut à tout prix qu'on parle d'elle dans les livres d'histoire comme étant la femme qui a découvert l'Atlantide.

— Et toi, murmures-tu doucement, qu'aimerais-tu faire plus tard? Écrire des livres? Faire de la musique? du théâtre?

Je ne sais pas. Parfois, je me dis que j'aimerais que le temps s'arrête. Non. Qu'il ne s'arrête pas, mais qu'il fonctionne à l'envers, qu'il se replie sur lui-même. J'appuierais sur l'un des boutons de ma machine à rembobiner le temps et je me retrouverais aussitôt à Paris, voilà quelques mois. Dans notre appartement. Avec toi et maman. Nous trois, tout seuls (mais il ne faudrait pas oublier Iléma, mon poisson albinos!). Et alors là, seulement, j'inventerais la manière d'arrêter le temps. Pour toujours.

▲ ▲ ▲

Je suis rentrée à la maison plus tard qu'à l'habitude. Maman n'a rien dit lorsqu'elle m'a vue, poussiéreuse des pieds à la tête.

— Elle ne t'a pas grondée? demandes-tu, surpris.

Par les temps qui courent, maman oublie parfois d'être

une maman, ou du moins une maman grondeuse. Je la sens ailleurs : dans un monde fait de problèmes financiers, et de tristesse qui ne trouve pas de mots pour s'exprimer. Quand elle arrive à se secouer, elle redevient la maman qu'elle était *avant*. Elle sourit. Elle fait des blagues. Et elle me gronde aussi ! Elle parle de faire de longues promenades dans notre nouvelle ville juste pour voir s'il ne s'y cacherait pas, par hasard, un ou deux rois, une ou deux reines, des écrivains ou des philosophes illustres…

Enfin… Je suis donc rentrée à la maison avec, dans mon sac, la vie d'Éva. J'ai mangé un sandwich rapido et je me suis enfermée dans ma chambre subito.

— Et tu as appelé tes amis bizarroïdes presto, pour leur annoncer la nouvelle…

Non. Je ne leur ai rien raconté. Pas ce jour-là, ni le lendemain, ni le jour d'après.

— Des cachotteries, Amélie? Ça m'étonne de toi.

J'ai de qui tenir, cher daddy-dounet.

— Ouais, fais-tu en baissant les yeux et en te mâchant l'intérieur de la joue (ce que tu fais d'ailleurs chaque fois qu'il te faut avouer que les autres ont raison).

Je ne voulais pas cacher quoi que ce soit à Marie. Surtout pas à Robert. Il est gentil, Robert. Il me fait rire. Il me regarde parfois comme si j'étais un ange, alors que… enfin, toi, tu sais que je ne suis pas un ange. J'aime discuter avec

Robert, ou marcher longuement avec lui, sans dire un mot, à travers le parc. Toutefois, je sais qu'un jour… bientôt ou dans quelque temps… même si ça nous fera mal, je devrai…

(Pardonne-moi, daddydounet, mais une idée noire vient de passer…)

Comme je disais : pas de cachotteries. Enfin, pas tout à fait. Je voulais plutôt leur faire la surprise, leur faire une grande annonce, mais pas avant d'avoir digéré tout ce que me racontait Éva.

J'avais fait une découverte majeure dans la maison du Député, d'accord. Mais, surtout, j'avais découvert… une amie. Une nouvelle amie très spéciale.

Moi, Amélie Blanche, citoyenne du XXIe siècle, je

venais d'arracher cette amie au XIXe dont elle était prisonnière.

— Est-ce toute la vérité? demandes-tu en me faisant un clin d'œil.

Hum... Eh bien, la vraie vérité vraie, c'est que je voulais la garder pour moi toute seule pendant quelque temps encore, le plus longtemps possible en fait...

À bien y penser maintenant, ce n'est pas très délicat, n'est-ce pas?

— Robert et Marie, tes amis en chair et en os, sont sûrement plus importants qu'une amie faite de mots tracés sur du papier.

Tu as raison, daddydounet.

— Bon! C'est bien, tout ça, dis-tu en consultant ta montre (dois-tu quitter le bistrot bientôt? As-tu un rendez-vous d'affaires? D'ailleurs: comment vont les affaires? As-tu de nouveaux clients?), mais le temps file. Tu vas m'en lire quelques pages avant que je me sauve? J'ai un rendez-vous avec un importateur. Une nouvelle ligne de prêt-à-porter. Je dois le rencontrer dans une demi-heure et...

Alors, cher daddydounet, il faudra t'armer de patience. Je te le ferai lire dans quelques jours, ce manuscrit.

C'est à Robert et à Marie que je dois le montrer d'abord. Et dès demain d'ailleurs! Je me rends compte que, dans cette histoire, je commençais à trouver l'égoïsme plutôt confortable.

Donc, si tu me le permets, je t'écrirai une autre lettre où je te raconterai la vie d'Éva, car pour l'instant, je roupille sur ma page! Je dois aller dormir. Demain, notre réunion commence très, très tôt (pauvre Robert, j'imagine déjà l'air qu'il aura!).

Il fait bon dans ma chambre. Je me glisse sous mes couvertures. Iléma tourne en rond dans son aquarium en s'inventant des histoires de poissons qui voyagent dans les mers du Sud. Pour m'endormir, je vais me raconter mes histoires à moi. Je vais essayer de rêver. À quoi, je ne sais pas encore.

Dis, viendras-tu me rejoindre dans mes rêves?

— Pourquoi pas? dis-tu en me faisant un câlin.

Chouette!

Ta fille qui t'adore de très loin,

Amélie.

Comme à la télé

Que dis-tu, Amélie? De la télé? Tu dis que j'ai une voix idéale pour faire de la télé? Je serais parfaite pour lire les nouvelles? Allons donc, je...

Une belle voix, moi? Eh ben, ça, c'est une première! Jamais auparavant on ne m'a dit que j'avais une belle voix... Il faut reconnaître qu'avant que vous n'arriviez tous les deux dans ma vie, je ne parlais à peu près jamais à qui que ce soit. Sauf à ma mère, bien sûr, à mes amis transparents, quand j'étais toute petite, et à mon père… si j'arrivais à mettre la main dessus.

La télé, hein? Hum… intéressant. Il y a de pires choix de carrière.

Toi, Robert, tu me verrais, à la télé, lisant le bulletin de dix-huit heures? Ah oui?

Mais je m'habillerais comment? Pas question, j'imagine, d'arriver devant les caméras avec mon t-shirt des Cadavres délirants! C'est que je ne m'habille jamais en «fille», moi… Je suppose qu'il faudrait aussi que je me maquille? Pas folle du maquillage, non plus, la petite Marie…

Mais dites-moi: faut-il avoir un grand sourire scotché aux lèvres quand on lit les nouvelles? Même lorsqu'on doit parler de catastrophes épouvantables? Sourire pendant qu'on annonce de bonnes nouvelles, rien de plus normal, mais pendant les mauvaises…

Imaginez si je devais lire une nouvelle comme celle-ci:

« Madame, monsieur, bonsoir. Une dépêche nous arrive à l'instant. Lors d'une conférence de presse, le ministre de l'Éducation a annoncé que, dès demain matin, les écoles seront ouvertes sept jours sur sept et les vacances d'été, raccourcies d'un mois! »

Ouache! Non, Amélie! Si c'est pour lire des nouvelles de ce genre, ce métier-là n'est pas pour moi!

Mais j'y pense: pourquoi dis-tu que j'ai une belle voix?

Lire l'histoire d'Éva? Tu veux que je vous fasse la lecture? Elle est bonne celle-là!

Bon… Bon, d'accord, si vous insistez, mais ça va me faire curieux… Déjà qu'à la voir en photo, et à passer des heures ici dans ce qui devait être sa chambre, j'avais la singulière impression de me glisser dans la peau d'Éva…

D'accord, moi qui déteste lire en public, je vais vous lire l'histoire d'Éva. Mais je retourne sous la fenêtre ; il y a plus de lumière. Et ça va me prendre un jus, car lire à voix haute, ça me déshydrate.

Voilà… Bon… Eh ! c'est écrit tout petit, ce truc-là ! De véritables ailes de mouches… Euh… *Pattes* de mouches ? Bof ! C'est la même bébête, non ? Moi, jamais je n'écris aussi petit. Ça prend beaucoup trop de mots pour remplir une page. J'écris tellement gros qu'il rentre à peine cinquante mots par page! Écrire gros, ça économise la cervelle, voilà ce que je me dis!

Prêts? Oui?

Robert, pourquoi donc me regardes-tu comme ça?

Ah! Tu essaies de m'imaginer à la télé, assise bien droite derrière un grand bureau, alors qu'apparaît mon nom au bas de l'écran. Si tu veux…

Allons-y, alors : Madame, monsieur, bonjour…

Ce matin, en direct de la maison du Député, je voudrais vous faire la lecture d'un mystérieux manuscrit, retrouvé dans des circonstances mystérieuses, et dont le contenu relève… euh… relève du plus grand… mystère.

Dans les minutes qui vont suivre, je vais vous dévoiler…

La Vie cachée d'Éva

15 octobre 1899

Aujourd'hui, papa ne m'a pas adressé la parole. Cela fera bientôt deux semaines qu'il ne m'a pas parlé. Il a l'air sombre et préoccupé. Ai-je donc été si méchante?

Plus tard (je viens tout juste d'y songer : dans quelques mois, ce sera le nouveau siècle!)

Il ne me reste presque plus d'encre. Comment faire pour l'économiser? Y mélanger un peu d'eau?

Un soir, papa a dit: « Pourquoi dépenser tant d'argent? Pourquoi devrait-elle savoir si bien écrire? »

Je prends soin de mes pointes de plumes, je veille à ce qu'elles ne rouillent pas. Aucune n'est tordue.

Sylvette m'a rapporté de grandes feuilles de papier du village. En secret. Papa ne serait pas d'accord.

J'ai trouvé une cachette où je dissimulerai ces feuilles. Je serai la seule à savoir.

Que vais-je donc écrire? Un journal? Un roman?

Papa affirme que le métier de romancier (« Bien que ce ne soit pas un vrai métier », ajoute-t-il aussitôt) est réservé aux hommes, car eux seuls peuvent comprendre comment le monde fonctionne. Il a sûrement raison… Mais j'adorerais, moi, Éva Laforêt, dix ans, écrire des romans. Des centaines de gens liraient mes livres. Des centaines de gens pleureraient s'il survenait des événements dramatiques à mes personnages. Des centaines de gens retiendraient leur souffle quand la narration deviendrait palpitante. Des centaines de personnes…

Je n'ai jamais vu une centaine de personnes à la fois.

Comment fait-on pour toutes les reconnaître?

Plus tard encore

J'allais m'endormir…

Je le savais. Je me disais: *Tu t'endors, Éva…* Je me sentais légère. Les idées qui me passaient par la tête, vite, si vite, me semblaient bizarres, tordues, de toutes sortes de couleurs, de toutes les formes.

J'avais laissé la fenêtre de ma chambre entrouverte, car, cette semaine, il fait inhabituellement chaud pour la saison.

Le chien d'un des voisins s'était mis à hurler, et je me laissais croire qu'il s'agissait d'un loup : *Je vis seule dans une petite cabane en bois au milieu de la forêt. Il fait nuit. La pleine lune brille dans la fenêtre de ma chambre. Les loups s'approchent de ma cabane. Ils l'encerclent. Ils discutent entre eux, dans la langue des loups, afin de décider lequel montera le premier à l'assaut de ma porte.*

Tout à coup, j'ai entendu maman qui disait, haut et fort :

— Julius ! Vous allez nous mener à notre perte !

Quand maman vouvoie papa, on devine qu'elle est en colère. Elle ne vouvoie papa que s'il y a des invités à la maison.

— Tout ce que nous avons construit risque de disparaître à cause de vous ! Notre si belle maison...

— Hortense, interrompit papa d'une voix grave et menaçante, *nous* n'avons rien construit. *J'ai* tout construit. *Notre* maison, comme tu dis, c'est plutôt *ma* maison. Si j'avais dû compter sur ta pauvre dot pour...

Il y a eu un long silence, puis je les ai entendus marmonner. Que j'entende leur querelle ne les dérangeait pas. Ils ne voulaient pas que Sylvette en fut témoin.

Ce matin, au retour de sa messe quotidienne (a-t-elle été voir le curé afin qu'il entende sa confession? lui a-t-elle avoué qu'elle avait, dans un accès de colère, manqué de respect envers son mari?), alors qu'elle retirait les longues épingles dorées qui retenaient son chapeau à voilette, maman m'a confié:

— J'ai prié saint Jude. C'est le patron des causes désespérées. Je... je lui ai demandé qu'il te vienne en aide.

Je n'ai rien dit. J'ai pris mon air le plus timide et le plus sage, et j'ai hoché la tête.

Maman a déposé son chapeau sur le guéridon, a fouillé un instant dans son sac à main, puis m'a tendu une petite médaille dorée.

— Porte-la à ton cou, a-t-elle grommelé. On ne sait jamais.

Sans y jeter un coup d'œil, j'ai glissé la médaille dans la poche de mon tablier.

— Va jouer pendant que je retrouve Sylvette à la cuisine afin de discuter du menu du souper.

Puis, elle a ajouté rapidement :

— Nous aurons des invités ce soir. Sylvette t'apportera ton repas dans ta chambre.

Dehors, il pleuvait à verse. Je ne pouvais donc pas jouer dans la cour, là où une haute clôture de bois empêche qu'on m'épie. Je suis plutôt montée à ma chambre…

… car dans ma chambre, il faisait grand soleil.

Les palmiers se balançaient au gré du vent qui soufflait du

large, chargé de riches odeurs. Derrière la colline, là-bas, à droite, on entendait les vagues rouler sur la plage. On entendait des voix aussi : les pêcheurs étaient revenus avec leurs prises du matin et, se racontant des histoires incroyables, accompagnés par la guitare enjouée du plus jeune d'entre eux, préparaient un festin. Devais-je aller les rejoindre? Ces pêcheurs savent si bien me faire rire. Et j'adore le poisson grillé sur des pierres brûlantes, servi avec une bonne rasade de vin doux (même si, dans la vraie vie, je n'ai aucune idée de ce que le vin peut goûter : papa et maman font partie de la Ligue de tempérance du village et refusent qu'il entre dans la maison la moindre goutte d'alcool, ce qui désole Sylvette).

J'hésitais à courir vers mes amis pêcheurs (j'aurais voulu danser sur le sable chaud au son de la musique de la guitare), lorsque Sylvette cogna à ma porte et entra, m'apportant une collation.

Les palmiers disparurent. La colline, la mer, les chants des pêcheurs aussi.

Ils ne peuvent exister pour personne d'autre que moi.

Tout redevint aussitôt gris et sombre.

Il n'y avait plus que la pluie qui tambourinait sur ma fenêtre.

— Tu as l'air triste, a murmuré Sylvette en déposant l'assiette sur ma table de chevet.

— Je rêvassais.

— C'est une journée pour rêvasser, a ajouté Sylvette en jetant un coup d'œil dehors. Après ta collation, accepterais-tu de m'aider à préparer un gâteau?

17 octobre

Sylvette n'est pas qu'une bonne: non seulement a-t-elle la charge de la maison, car maman est trop prise par ses œuvres de bienfaisance, mais elle doit aussi s'occuper de mon éducation, puisque, bien sûr, je ne peux pas aller à l'école comme les autres enfants.

J'aime bien Sylvette, même si, parfois, elle doit se montrer sévère avec moi pour respecter les ordres de papa.

C'est elle qui m'a appris à lire et à écrire (jamais je ne fais la moindre faute d'orthographe, juré!). C'est elle qui m'a appris le tricot (jamais je n'échappe une seule maille non plus !). C'est aussi elle qui m'a convaincue que le petit Jésus m'aime beaucoup, même si je ne pourrai jamais mettre les pieds à l'église.

— Tant que tu es gentille dans ton cœur, dit-elle souvent, et tant que tu aimes ton papa et ta maman, Jésus t'aime aussi.

Sylvette est énorme, mais s'il lui arrive des nouvelles de sa famille, elle peut sautiller mieux que moi. Elle porte souvent des robes très colorées que ses sœurs lui font parvenir de son village en Afrique. C'est toujours l'été lorsqu'on se retrouve à côté d'elle. Un missionnaire lui a appris tout ce qu'elle sait : le français, les mathématiques, la géographie…

— J'étais la seule fille de mon village à connaître tout

ça, m'a-t-elle dit un jour. Les autres avaient peur de moi. Ils se demandaient si je n'étais pas une sorcière. C'est pourquoi mon père a accepté de me laisser partir quand le missionnaire, qui rentrait au pays, a proposé de m'emmener avec lui.

Sylvette confectionne tous mes vêtements (papa achète mes chaussures en ville). Elle me coupe les cheveux et les coiffe. C'est à elle que, parfois, je raconte mes peines. Mais pas mes secrets.

— Moi aussi, dit-elle si elle me voit triste, je suis seule. Je n'ai qu'une amie, Mathilde, la madame curé. Personne ici ne me ressemble. À l'église, le dimanche, les gens se retournent quand j'entre pour m'asseoir dans le dernier banc en arrière. Certains froncent les sourcils. J'aime autant ne pas savoir à quoi ils pensent.

Au moins, aimerais-je lui rappeler, les gens sont au courant de ton existence. Personne – à part papa, maman et Sylvette, le curé qui m'a baptisée et le docteur Catellier qui me soigne lorsque je suis malade – ne sait qu'il y a une petite fille qui habite la *Villa Grand Repos*. Une petite fille assez jolie – c'est ce que mon miroir et Sylvette s'évertuent à me répéter. Grande pour son âge, à ce qu'il paraît. Avec des yeux d'un vert profond. Une petite fille qui aime jouer avec ses poupées et dessiner des paysages avec beaucoup d'arbres majestueux, mais qui aime surtout lire des livres qui parlent de voyages dans des pays lointains.

Une petite fille qui n'a que quatre doigts à chaque main.

19 octobre

Je suis montée à ma chambre, mais même avec les bonnes odeurs de la mer, le soleil et les palmiers, je m'y ennuyais. Aujourd'hui, je n'avais pas le goût de danser.

J'ai fouillé dans ma garde-robe et j'en ai sorti le livre que j'ai subtilisé dans la bibliothèque de papa voilà deux semaines. Assise par terre, j'ai lu quelques pages qui racontaient comment les gens vivent en Espagne. On y décrivait les corridas, on y parlait des habits de lumière des toreros. Lorsque j'ai compris qu'à la fin d'une corrida, le taureau est mis à mort, j'ai refermé le livre. J'ai pleuré en songeant que les gens sont souvent cruels, même s'ils vivent dans des pays où il fait toujours soleil.

Ce matin, après le petit-déjeuner, papa s'est fait reconduire à la gare par le maître de poste. Il a pris le train pour la capitale. C'est en tout cas ce que j'ai entendu lorsque maman s'entretenait avec l'une de ses amies venue en visite (j'étais cachée au premier étage pendant tout ce temps). Il paraît que papa doit rencontrer des ministres très importants et qu'il ne reviendra que dans quelques jours.

Même si j'étais à côté de maman lorsqu'il est sorti avec sa grosse valise en cuir, papa ne m'a pas dit au revoir.

Je sais qu'en revenant de voyage, il rapportera un bijou à maman, une babiole à Sylvette, mais rien pour moi.

Que dirait-il si, à son retour dans une semaine, j'avais disparu? Si j'avais fait mon baluchon et si j'avais quitté la maison à tout jamais?

Il ne dirait sans doute rien.

Dès son retour à la maison, il ira se réfugier dans son bureau, là où personne n'osera jamais le déranger. Même pas pour lui annoncer la disparition de sa fille unique!

J'ai remis le livre dans sa cachette et je me suis étendue sur mon lit.

Quel jour étions-nous donc? Lundi? Mardi? Oui, mardi. Il était dix heures du matin. Les élèves du collège étaient à la récréation. Par ma fenêtre entrouverte, j'entendais leurs rires et leurs cris.

Que faisait-il, *lui*? Lui qui est si beau, mais dont je ne connais pas le nom? Lui qui est si beau, mais à qui je ne pourrai jamais adresser la parole? Jouait-il avec ses amis? Était-il resté en classe pour discuter avec son professeur d'un problème d'algèbre qu'il n'arrivait pas à résoudre, d'un thème latin qui lui donnait du fil à retordre? Ou se promenait-il, tout seul, l'air préoccupé, les mains dans les poches de sa veste, dans le sous-sol du collège, là où je l'ai vu la première fois?

Je ne connais pas son nom. Je sais seulement qu'il est plus vieux que moi, qu'il est grand, plus grand que beaucoup d'autres élèves que j'épie par ma fenêtre quand, le matin, ils marchent vers le collège. Je ne connais pas son nom, mais peu importe, car je lui en ai donné un : Samuel-Alexis.

Soudain, je me suis assise sur mon lit. *Samuel-Alexis !* ai-je pensé. *Si nous faisions tous les deux nos baluchons et si nous prenions le train, puis le bateau vers un pays lointain? Vers l'Afrique, peut-être? Non ! Vers la France ! J'aimerais tant voir les toiles des impressionnistes. J'ai lu dans l'un des magazines de maman que même si bien des gens prétendent que les impressionnistes ne savent pas peindre et que leurs toiles ne sont que des barbouillages, d'autres, par contre, affirment qu'ils produisent des chefs-d'œuvre de lumière et de couleur. Oui, Samuel-Alexis, disparaissons tous deux en*

France! Peut-être que je pourrais devenir peintre, moi aussi. Combien de doigts ça prend pour peindre un paysage? J'en possède juste assez, j'en suis sûre! Et toi, avec ton air songeur, tu pourrais devenir un poète célèbre...

Je me suis mise à pleurer... À quoi bon rêver?

Comment donc Samuel-Alexis pourrait-il accepter de me suivre en France ou ailleurs? Il ne sait pas que j'existe, lui non plus!

29 octobre

Je n'ai pas le droit de faire quoi que ce soit.

— Je t'interdis d'entrer dans mon bureau lorsque je n'y suis pas! a lancé papa l'autre jour.

Mais... je ne voulais surtout pas me montrer indiscrète. Je voulais simplement lui faire une belle surprise et placer, sur son secrétaire, la petite aquarelle que j'avais peinte pour lui.

— Les fenêtres ne sont pas là pour épier les gens! m'a prévenue maman plus d'une fois.

Je n'ai pas le droit de me poster devant les fenêtres avant de la maison.

— On pourrait te voir, a ajouté maman dans un murmure effrayé.

Je n'ai pas le droit de répondre lorsqu'on frappe à la porte. Si j'entends quelqu'un entrer, je dois vite monter au premier.

Je n'ai pas le droit d'entrer dans la chambre de papa ni dans celle de maman.

Je n'ai pas le droit de grimper au grenier.

— Tu pourrais te blesser, a dit Sylvette.

Je n'ai pas le droit d'errer dans le sous-sol de la maison.

— Il y a des rats, a dit maman. Ils vont te mordre!

Mais le sous-sol, c'est la liberté.

Et l'occasion, peut-être, de revoir Samuel-Alexis.

Sans être vue.

Plus tard (mon Dieu!
est-ce déjà la nuit?)

Lorsque j'avance dans le tunnel secret qui relie notre maison au collège, je me dis souvent, afin de ne pas avoir *trop* peur, que je me suis glissée dans l'un des nombreux passages dérobés du château du roi, mon père.

J'imagine que je m'échappe de son château où je suis prisonnière depuis des années et que je m'en vais rejoindre mon prince charmant qui m'attend au village. (Papa a sans doute raison de prétendre que les jeunes filles ne devraient jamais lire de romans!)

Le tunnel n'en finit plus. Il traverse le village presque en entier. Je n'en regarde jamais les murs (qui sait si des monstres innommables n'y rampent pas, attendant que je tourne la tête vers eux pour m'attraper – d'abord avec leur regard fou, puis avec leurs griffes crochues!). Je tiens ma chandelle à bout de bras et je trotte sans presque respirer.

Ce matin, un peu avant dix heures (après une nouvelle dispute avec maman), papa a quitté la maison pour se rendre au collège. Maman est restée enfermée dans son boudoir pendant de longues minutes, puis elle en est ressortie, son joli visage triste et fermé, en lançant :

— Sylvette, préparez ma robe bleue. J'ai à faire au village.

— Je dois me rendre au village aussi, répondit Sylvette. Le garde-manger est presque vide.

Elle hésita quelques secondes, puis ajouta :

— Si vous le permettez, madame, j'en profiterais pour rendre visite à mon amie Mathilde. On m'a dit qu'elle est malade ces jours-ci et aurait bien besoin de compagnie.

Elles m'ont donc laissée seule. Comme ça leur arrive souvent. Avec les interdits habituels. Croient-elles que je ne les connais pas déjà par cœur? On peut n'avoir que quatre doigts par main, on n'est pas idiote pour autant!

J'avalai rapidement le bol de soupe que Sylvette m'avait préparé avant de quitter la maison. («Je vous en sers aussi, madame?» avait-elle demandé. Maman avait secoué la tête et répondu: «Si je fais pénitence, les choses iront peut-être mieux…»)

L'horloge dans le hall marquait onze heures quarante-cinq lorsque j'ai eu fini de manger.

Je savais que je serais seule à la maison tout l'après-midi.

Je suis aussitôt descendue au sous-sol.

Samuel-Alexis! J'espère que tu t'ennuies aujourd'hui; j'espère que tu te sens mélancolique. Car si la tristesse t'envahit, qui sait si tu ne décideras pas, après avoir mangé, de descendre subrepticement au sous-sol pour y errer pendant que les autres élèves s'amusent dans la cour de récréation?

J'arrive, Samuel-Alexis! Je viens te rejoindre!

Mais tu n'en sauras rien, car j'éviterai que tu me voies. Moi, je te verrai. Je te suivrai comme ton ombre. On a toujours besoin d'une ombre, surtout lorsqu'on est malheureux.

▲ ▲ ▲

Quelques minutes plus tard, à bout de souffle – car j'avais couru –, j'atteignais le bout du tunnel, je grimpais l'escalier, j'ouvrais la porte et, comme j'allais entrer dans la pièce qui sert de rangement au concierge du collège, j'entendis la voix de mon père qui disait :

— Ils ne m'auront pas !

Le cœur battant à tout rompre, j'ai éteint ma chandelle entre mon pouce et mon index mouillés, puis j'ai refermé doucement la porte derrière moi.

Une pile de caisses m'empêchait de voir dans la pièce (et empêchait – merci Providence ! – qu'on me vît également). Je m'accroupis. Oserais-je m'avancer un peu, tirer le cou hors de ma cachette – risquant ainsi qu'on m'aperçoive –, afin de découvrir à qui papa parlait ?

— J'ai tout fait pour ce damné village ! murmura papa. Les ingrats !

Il y avait tellement de courroux dans sa voix que j'en tremblais. Mais j'y devinais aussi un fond de tristesse et, peut-être, un certain désespoir – alors que je n'avais jamais vu papa triste et qu'il m'avait toujours paru si fort.

— Sans moi, ils n'auraient plus rien! ajouta-t-il.

Il remuait des choses. Brusquement. Son impatience semblait grimper à chaque minute.

Si je pouvais me glisser de quelques pas vers la droite, sans qu'on me découvre, une grande caisse isolée me cacherait aux regards de papa et de son interlocuteur étrangement muet, tout en me permettant de les épier.

J'avalai avec grande difficulté. Je fermai les yeux un instant.

— Se croient-ils vraiment plus forts que Julius Laforêt? fit papa avec un petit rire cruel. Ah! Ils ne me connaissent pas!

Toujours accroupie, je me glissai, sans bruit, sur le plancher froid et poussiéreux (me disant qu'il faudrait que je trouve un moyen, une fois à la maison, de nettoyer mes vêtements).

Et je passai à un cheveu de laisser échapper un cri de surprise.

Papa était seul dans la petite pièce. Personne d'autre n'était avec lui!

Debout derrière une table basse, il empilait, dans une valise de cuir, des liasses de billets de banque qu'il cueillait dans une boîte de carton. À ses pieds: deux autres boîtes éventrées et une seconde valise, identique à la première.

Liasse de billets après liasse de billets, papa rangeait une véritable fortune! D'où venait tout cet argent? Et que faisait-il avec ces valises? On ne dissimule pas des billets dans des boîtes de carton et on ne les empile pas non plus dans des valises. C'est à un banquier que l'on confie son argent honnêtement gagné.

Papa aurait-il...?

Je n'osais pas y penser. Je n'ose toujours pas y penser.

Je me secouai. Il fallait que je retourne à la maison avant lui!

Je réussis à revenir à mon point de départ sans que papa ne remarque ma présence. Je ramassai ma chandelle. En grimaçant, j'ouvris la porte menant au tunnel: pourvu qu'elle ne grince pas! Le moindre bruit et je serais perdue!

Je n'allumai ma chandelle qu'à la toute dernière marche de l'escalier.

— Qu'as-tu fait, papa? dis-je tout bas. Qu'as-tu fait?

Je revins à la maison comme dans un rêve, marchant si vite que ma chandelle menaçait à tout instant de s'éteindre. Je ne pensais plus aux monstres qui, collés aux murs du tunnel, auraient pu tendre leurs tentacules vers moi. Je ne pensais plus à mon rendez-vous manqué avec Samuel-Alexis. Je ne pensais à rien d'autre qu'à retrouver ma chambre et à m'y enfermer pour le reste de ma vie.

▲ ▲ ▲

Que veulent dire ces deux valises? Tout cet argent dissimulé? La rage de papa?

Qu'a dit maman, l'autre jour?

— Julius! Vous allez nous mener à notre perte!

Je n'ai pas le droit de faire quoi que ce soit ici. Et je ne sais rien de ce qui se passe sous mon propre toit.

Mais l'orage que je sens se préparer au-dessus de nos têtes, je redoute qu'il nous emporte tous!

31 octobre – minuit approche

Mes bagages sont prêts.

Dans quelques minutes, nous allons quitter la maison, en secret, comme des ombres.

Sylvette, après nous avoir aidés, s'est réfugiée dans la

cuisine. Je l'ai entendue qui pleurait toutes les larmes de son corps. Je sais – car maman l'a exigé – que papa lui a donné suffisamment d'argent pour se refaire une nouvelle vie et, surtout, garder murés en elle plusieurs secrets. Dont celui de mon existence.

Je suis montée à ma chambre, car je ne pouvais plus supporter l'atmosphère au rez-de-chaussée. Papa et maman étaient pâles, chacun pour des raisons différentes. Ils s'invectivaient à la moindre occasion. Maman me semblait catastrophée et jetait à papa, dès qu'il passait près d'elle, des regards chargés de haine et de mépris.

Nous nous enfuyons cette nuit. Durant les trois ou quatre nuits qui vont suivre, des hommes que papa a embauchés en ville videront discrètement la maison de ses meubles les plus précieux, abandonnant le reste à qui voudra bien, plus tard, mettre la main dessus. Sylvette habitera seule la maison pendant une semaine afin de monter la garde et de préserver l'apparence de normalité.

Que nous arrivera-t-il ensuite? Où vivrons-nous? Que vais-je devenir?

▲ ▲ ▲

Je n'aurai donc pas pu voir Samuel-Alexis une dernière fois.

Je ne le verrai plus déambuler, au sous-sol du collège, dans le corridor qui mène au laboratoire de biologie, les mains dans les poches de sa veste, les sourcils froncés par la réflexion – sérieux, si sérieux, m'apparaissant alors beaucoup plus vieux que son âge.

Je suis toujours restée cachée quand il passait près de moi. Je pouvais alors l'observer sans qu'il n'en sache rien.

Il n'a jamais su que j'existais et… il ne saura jamais qu'une nuit, je serai disparue à jamais, ne laissant pas même, dans sa vie, le moindre petit vide ni, dans sa tête, le moindre souvenir.

J'aurai mes souvenirs à moi, tendres et douloureux à la fois.

À ce prénom – que j'ai inventé pour lui –, je pourrai accoler son joli visage. Ces yeux qui me semblaient rêveurs. Ces lèvres que j'aurais pu, j'en suis sûre, faire enfin sourire.

Je ne verrai plus jamais cette longue mèche rousse lui tombant sans cesse dans les yeux.

▲ ▲ ▲

Du rez-de-chaussée, papa vient de me lancer que nous quittons la maison dans une demi-heure. Je devrai être prête, sinon ils partiront sans moi.

J'aurais voulu lui répondre :

— Allez, disparaissez ! Je m'arrangerai bien avec Sylvette. Tant qu'à fuir pour l'inconnu, je voguerai avec elle jusqu'en Afrique !

Je vais ranger ces quelques pages dans ma cachette. Sylvette m'avait donné un grand morceau de velours rouge pour faire une cape de reine à l'une de mes poupées ; j'en envelopperai ce journal et attacherai le paquet avec un bout de dentelle. Je lance une bouteille à la mer.

▲ ▲ ▲

Cher lecteur, chère lectrice, Si le hasard vous a permis de découvrir ces pages, et que, présentement, vous me lisez, sachez donc qu'Éva Laforêt a bel et bien existé.

Sachez qu'elle aurait aimé vivre au grand jour.

Mais comprenez aussi que tout va peut-être changer...

Où que nous allions, papa ne sera plus l'homme important qu'il a été ici pendant des années. Il n'aura plus de réputation à préserver. Plus d'image à sauvegarder.

Qui sait si je ne pourrai pas, enfin, sortir de chez moi *par la porte de devan*t? et courir dans la rue avec d'autres enfants de mon âge?

Qui sait si, un jour, je ne rencontrerai pas un garçon qui, apprenant à me connaître, en viendra à m'aimer malgré mon… infirmité.

D'ailleurs, dites-moi, de combien de doigts a-t-on vraiment besoin pour devenir une bonne amie, une bonne épouse, une bonne mère?

Ne m'oubliez pas,

et je signe :

Éva Laforêt

L'ennemi
n'a pas de tête,
mais il a du flair...

Oui, Robert, parfois, même pour moi, le silence est d'or. Le silence vaut mille belles paroles…

De toute manière, je ne saurais vraiment pas quoi dire.

Et puis, j'ai trop de chats dans la gorge.

Ah ? D'habitude, on n'a qu'un seul chat à la fois dans la gorge ?

Eh ben, moi, je peux vous affirmer que j'en ai plusieurs. Et qu'ils sont enragés. Et qu'ils ont le poil hérissé bien droit sur le dos !

Je dois admettre très humblement que j'avais tort : tu as fait un excellent travail de détective, mon cher Robert. Comment aurais-tu pu découvrir quoi que ce soit sur Éva, alors que ses parents la gardaient enfermée dans sa propre maison depuis sa naissance ? J'en avais des frissons lorsque je vous faisais la lecture. Imaginez un peu : si j'avais vécu à cette époque, j'aurais probablement subi le même sort ! Quels parents cruels !

Hein, Amélie ? Tu crois que les parents d'Éva étaient tout simplement prisonniers des préjugés de leur époque ? Qu'ils n'auraient sans doute pas pu penser autrement ? Qu'ils n'étaient peut-être pas si méchants ?

Bon, d'accord. La mère, Hortense, je veux bien. Mais le père, Julius, qui se prenait pour

Jules César, pas du tout! C'était un voleur, un despote, une brute, un être infâme, égoïste, sexiste, euh… c'était un être… enfin… pas gentil du tout!

Pauvre Éva…

Que croyez-vous qu'elle soit devenue? Serait-il possible de retrouver sa trace?

Tu as raison, Robert. Nous ne savons même pas dans quelle ville ses parents et elle ont déménagé. La police devait être à leurs trousses. Ils ont peut-être même quitté le pays.

Ils pourraient avoir changé de nom?

Ouais, logique tout ça…

Eh! il vous reste du jus? J'ai une soif terrible, moi, avec tous ces chats qui se sont bataillés dans ma gorge!

Quoi? Tu me donnes le manuscrit d'Éva? Mais c'est toi,

Amélie, qui l'as trouvé, et il te revient de droit.

Bah! Je sais qu'il s'agit de «notre» ville et de «notre» Éva. Mais c'est «ta» ville maintenant, et «ta» Éva aussi. N'oublie pas que tu fais partie du club, comme membre à part entière, en bonne et due forme, en espèces sonnantes et trébuchantes... J'ai toujours voulu lancer ça, moi, «en espèces sonnantes et trébuchantes», je l'ai lu dans un livre, un jour, et...

D'accord, d'accord... Que dites-vous de la proposition suivante: le manuscrit d'Éva, appartient à *tous* les membres officiels du club. Il sera donc confié à chacun des membres, à tour de rôle, pour une période de... un mois. Chaque membre devra le conserver en lieu sûr, à l'abri de la lumière, de l'humidité, des insectes rongeurs de papier et, surtout, des regards indiscrets.

Et parlant du club et de ses membres, que diriez-vous si nous allions rendre une petite visite à Joée? Vous aviez raison: avec sa poésie, elle ferait une excellente bizarroïde! Ensuite, pourquoi n'irions-nous pas tous les quatre au Sourire de l'Aztèque pour fêter ça? Maman a inventé une nouvelle recette de chocolatines qui…

Robert, qu'est-ce que tu regardes comme ça, par la fenêtre?

Quoi? Pinotte? Allons donc!

Allez, poussez-vous un peu que je vois moi aussi…

Oh! C'est lui! C'est lui pour de vrai!

Comment a-t-il pu…?

Pinotte a du flair, dis-tu Amélie?

Ouais... S'il n'a pas de tête, il a au moins du flair.

Voyez comment il regarde à gauche, à droite, en haut, en bas. Il se doute de quelque chose, mais ne sait pas de quoi au juste.

Tu as raison, Robert, nous devrons nous échapper par les catacombes. En empruntant le tunnel, nous serons rendus à l'école bien avant qu'il ne songe à aller voir de ce côté-là.

Quelle plaie, ce Pinotte! Pourquoi tient-il donc autant à nous rendre la vie impossible?

Une leçon, Amélie? Lui servir une leçon?

Je voudrais bien, moi, mais...

Un plan? Il y a un plan qui germe dans ta tête? Cela va-t-il te sortir par les oreilles? J'aimerais voir ça!

D'accord, d'accord, je te taquinais.

Hum... Servir une leçon à cet impayable Pinotte, une leçon dont il se souviendra pour le restant de ses jours... Quelle bonne idée!

Allez, on s'en va chez Joée!

Pendant ce temps-là, Amélie, tu nous feras part de ton plan, même s'il n'a pas complètement poussé.

Est-ce qu'il va faire des fleurs, ton plan, dans ta tête?

Journal intime de Robert Dumas

Ceci est un journal piégé :
ouvrez-le à vos risques
et périls !

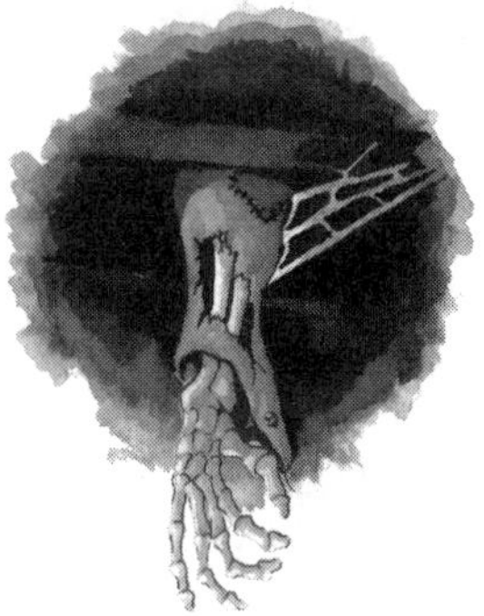

Quelques jours après.
(Après quoi ? demandes-tu.
Attends, je vais tout te raconter.)

Cher journal,

Ce matin, au petit-déjeuner, ma mère m'a dit :

— La vie n'est pas toujours facile.

Ce genre de phrases, les adultes – les parents en particulier (qui sont des adultes au carré) – te les lancent à tout propos. Surtout lorsqu'ils sentent que tu ne vas pas bien, mais qu'ils n'ont aucune idée de ce qu'ils pourraient te dire pour te réconforter.

Ce matin, toutefois, ces sept petits mots tout bêtes prenaient l'allure d'une révélation.

J'ai remué mes céréales molles pendant quelques secondes.

Aujourd'hui, je ne suis plus un détective professionnel en herbe.

L'Agence de détectives Bizarroïdes et compagnie n'est plus.

Le Club des bizarroïdes compte un nouveau membre, mais…

Maman avait raison ou presque : la vie est parfois, et même souvent, très compliquée.

▲ ▲ ▲

On dirait qu'il s'est passé un siècle entre le moment où Marie nous a fait la lecture du manuscrit d'Éva et ce qu'on a baptisé **LA GRANDE ÉPOUVANTE DE PINOTTE.**

Lorsque je me suis regardé dans le miroir après m'être brossé les dents, je me suis dit :

— Eh ben, mon cher, t'as vraiment l'air d'avoir vieilli de cent ans !

J'ai tout plein de choses à te raconter : des choses drôles, mais aussi des choses tragiques. Tragiques et dramatiques et surprenantes. Et tristes. Tristes surtout, à bien y penser. Mais j'y reviendrai plus tard.

D'abord : **LA GRANDE ÉPOUVANTE DE PINOTTE.**

▲ ▲ ▲

Nous étions dans le parc, près de la fontaine remplie de feuilles mortes.

Marie a dit, tout simplement:

— Il nous faut un appât. Joée, accepterais-tu de jouer le rôle de l'appât?

(*Tu parles d'une manière de traiter un nouveau membre!* t'exclames-tu. *Cela fait à peine quelques minutes qu'elle fait partie du club que déjà vous demandez à Joée de se proposer comme volontaire pour une mission périlleuse!*

Non, rassure-toi, cher journal.

En vérité, j'aurais dû écrire: «Une semaine après la lecture du manuscrit d'Éva...» Car lorsque nous nous sommes rencontrés dans le parc, cela faisait déjà une semaine que Joée était membre officielle, ceinture noire, première dan, du Club des bizarroïdes.

Pendant cette semaine, nous nous étions tous revus, Marie, Amélie, Joée et moi, le plus souvent possible (et le plus discrètement possible aussi, bien sûr, car Pinotte ne nous quittait pas d'une semelle). Nous avions dévoilé à Joée tous les secrets du club, lui avions fait visiter les catacombes, ainsi que la maison du Député. Elle avait également lu le manuscrit d'Éva et pleuré tout doucement en parcourant ces pages.

À quatre (comme les quatre doigts de la main – pardonne-moi la mauvaise blague, Marie!), nous avions discuté du plan d'Amélie. Ce matin-là, dans le parc, nous savions à peu de chose près ce que chacun devait faire pour que le plan réussisse. Mais il restait encore un rôle important, celui de l'« appât » : il fallait que l'un d'entre nous attire Pinotte dans le piège. Mais... Marie ne faisait pas l'affaire, ni Amélie, ni moi non plus. Pourquoi? Pinotte se serait méfié, et le plan aurait pu échouer. Il nous fallait quelqu'un qui n'éveillerait pas trop ses soupçons.

Voilà donc pourquoi Marie n'avait pas d'autre choix, ce jour-là, que de lancer:

— Il nous faut un appât. Joée, accepterais-tu de jouer le rôle de l'appât?)

Joée a levé les yeux vers Marie un instant, l'air de penser: *Dans quoi donc me suis-je embarquée?* Elle tenait très fort le petit cahier qui ne la quitte jamais. C'est dans ce cahier qu'elle note ses idées de poèmes au fur et à mesure qu'elles lui viennent à l'esprit.

— Il faut que Pinotte découvre l'entrée secrète de la maison du Député, a ajouté Marie, mais seulement lorsque nous serons prêts à le recevoir.

— Il faut donc un appât, a conclu Joée, avec sa petite voix rêveuse.

— Tu peux refuser, a souligné Marie. Nous ne t'en voudrons pas le moins du monde. Il faudra toutefois trouver autre chose.

Amélie ne disait rien. Elle regardait les feuilles mortes dans la fontaine. Ces feuilles n'ont plus rien de poétique maintenant qu'elles sont toutes d'un brun uniforme. Elles attendent que la neige vienne les dissimuler.

— En te voyant rôder autour de la maison du Député, il ne pourra pas résister, a dit Marie en se frottant les mains. Il va te suivre à l'intérieur...

J'ai ajouté :

— Où nous l'attendrons de pied ferme.

— Pour lui offrir un accueil dont il se souviendra pour le reste de ses jours ! a complété Marie.

Amélie restait muette.

Joée s'est assise sur le bord de la fontaine et s'est gratté la tête. Elle a jeté un coup d'œil en direction de Marie, puis d'Amélie, avant de me fixer longuement. C'est alors seulement que je me suis aperçu qu'elle avait les yeux d'un noir tellement profond qu'on n'arrivait pas à distinguer la pupille de l'iris. J'ai pensé : *Elle est plutôt jolie...*

(*Eh! Oh!* t'exclames-tu, cher journal. *Tu ne vas quand même pas recommencer! Marie, Amélie, puis maintenant Joée!*)

Non, tu as mal compris. Je me disais simplement que Joée a une fâcheuse tendance à s'effacer, à vivre dans son propre univers; si on n'y porte pas attention, on risque de ne jamais se rendre compte qu'elle est jolie. C'est tout. D'ailleurs, je n'aurais pas dû t'en parler. Tu tournes toujours tout de travers et je…

Bon, oublions tout ça, veux-tu, et continue ton histoire.

D'accord. Donc…

Joée nous a regardés à tour de rôle. J'imagine qu'elle se demandait jusqu'à quel point, malgré cette semaine passée avec nous, elle pouvait faire confiance à notre bon jugement.

J'imagine aussi qu'elle devait se demander quelles étaient ses chances de conserver tous ses morceaux intacts. Elle a fini par sourire et a lancé :

— Pourquoi pas ? Pourquoi pas, après tout ?

Du coin de l'œil, j'ai remarqué qu'Amélie se secouait comme pour sortir d'un rêve. Elle a déclaré :

— Allons chez moi. Samedi approche à grands pas et nous avons plein de choses à préparer.

— Le samedi de **LA GRANDE ÉPOUVANTE DE PINOTTE**, a annoncé Joée d'une voix beaucoup plus forte qu'à l'habitude.

Marie a applaudi. Elle ne tenait plus en place. Elle s'est écriée :

— J'ai l'impression que j'attends ce jour depuis des années !

Un peu inquiet, j'ai demandé à Amélie :

— Aurons-nous le temps de tout mettre au point?

Elle a murmuré :

— Il le faut. Il le faut...

Ses lunettes de soleil cachaient ses yeux. Son visage était presque inexpressif. Elle avait mis sa perruque et son béret, comme la première journée où je l'avais vue, dans la cour d'école.

Des idées noires? ai-je pensé en frissonnant. *Les idées noires seraient-elles revenues?*

Mais Amélie s'est approchée, m'a planté un baiser sur la joue, et j'ai tout oublié.

▲ ▲ ▲

Samedi. Le samedi tant attendu...

Il avait plu toute la nuit. Ce matin-là, une brume tenace flottait dans l'air. Elle s'accrochait aux branches des arbres. La nature semblait être de notre côté : on se serait crus transportés dans un film de morts-vivants. Même un monstre en aurait eu des frissons!

Joée avait dû passer et repasser plusieurs fois devant la maison de Pinotte afin d'éveiller la curiosité de… la bête.

Sur le point d'abandonner (elle s'était arrêtée au bout de la rue où Pinotte demeure, et feignait d'écrire quelque chose dans son cahier), elle avait tout à coup aperçu notre «ami» qui sortait de chez lui.

Ça y était! Le plan fonctionnait (du moins cette première étape).

Joée s'était alors mise en route, lentement, tentant de donner à sa démarche l'air le plus mystérieux possible : une démarche de conspiratrice, comme si elle cachait quelque chose d'extrêmement important.

Elle jetait souvent des coups d'œil derrière elle : oui, Pinotte suivait toujours. Elle accélérait alors un peu, afin de montrer qu'elle voulait le semer (mais tu l'auras compris, cher journal, il n'était pas question qu'elle sème Pinotte, bien au contraire !).

Lorsque Joée ralentissait, Pinotte ralentissait. Si elle pressait le pas, Pinotte en faisait autant. Il la suivait dans tous les détours (inutiles) qu'elle faisait, s'assurant de conserver une certaine distance entre elle et lui. (Quand vient le temps de se montrer ratoureux, Pinotte n'a pas son pareil!)

Au bout de quelques minutes (après avoir consulté sa montre une dernière fois afin de vérifier qu'elle n'arriverait pas trop tôt), Joée tourna dans la petite ruelle menant à l'arrière de la maison du Député.

Elle longea la haute clôture qui ceint la cour de la maison et qui donne à celle-ci – surtout lorsqu'on sait qu'à l'époque il empêchait qu'on découvre l'existence d'Éva – des allures de prison.

Arrivée presque au bout de la ruelle, elle s'arrêta. Pinotte était-il toujours là? Joée n'osait plus se retourner.

Elle poussa sur une planche. Celle-ci bascula aussitôt en grinçant, lui donnant juste assez d'espace pour passer. Elle se glissa dans l'ouverture, et la planche retomba en place.

Joée traversa la cour.

À ras du sol, contre le mur de brique brune, on trouve une cloison de bois à deux battants. Lorsqu'on les soulève, un escalier apparaît, qui mène au sous-sol de la maison du Député. Comme entrée secrète on repassera, mais puisque personne en ville ne sait que nous « habitons » parfois la vieille villa…

Debout près de la cloison, Joée patienta quelques secondes sans bouger. Soudain, elle entendit un grincement derrière elle : Pinotte ! Il s'apprêtait à se glisser dans la cour.

Rapidement, Joée souleva les battants, les laissa retomber de chaque côté de la cloison, puis s'engagea dans l'escalier, laissant toute grande ouverte l'entrée de la maison du Député.

▲ ▲ ▲

Pinotte était tout seul dans le noir.

Il avait refermé les battants de la cloison derrière lui afin de s'assurer que Joée ne puisse pas lui échapper, puis il avait pris une grande respiration et avait descendu l'escalier à tâtons. Pourtant, il aurait voulu ne pas avoir à toucher les murs de chaque côté de lui. Et s'il mettait les mains sur des choses poilues? Si ces choses poilues se mettaient à faire *Kwwikkk!* et *Kwwaaakkk!* et *Grwarrr!*, que ferait-il, lui?

— Où c'est qu'elle a parti, elle? murmura-t-il en serrant les poings.

Il avança sur le sol de terre battue, tout en faisant la grimace à cause de l'odeur d'humidité.

Quelque chose frôla son front.

Quelque chose qui pendait du plafond.

Plusieurs quelques choses qu'il ne pouvait pas voir dans l'obscurité.

Des trucs longs, minces et froids qui lui frôlaient le visage et le cou alors qu'il traversait le plus vite possible le sous-sol en criant intérieurement : *Maaamaaann !*

C'est alors qu'il aperçut, flottant au-dessus de lui, un rectangle de lumière : une porte venait de s'ouvrir !

Pinotte s'élança à travers le sous-sol, hurlant :

— Iiirrrrggg !

Il grimpa deux à deux les marches de l'escalier.

— Je vas te démantibuler en petits morceaux ! lança-t-il en mettant pied, au rez-de-chaussée, dans le hall d'entrée.

Seul un lourd silence lui répondit.

Pinotte regarda autour de lui (tremblant encore en se rappelant ces choses gluantes qui l'avaient frôlé au sous-sol) : pas de Joée à l'horizon.

Il faisait sombre dans ce grand hall poussiéreux. Les fenêtres étaient à peu près toutes condamnées, et il n'entrait dans la pièce qu'une maigre clarté.

Où pouvait donc être Joée-les-rimettes ?

Des bruits de pas. Au premier. Sourds. Lourds. Très lourds.

— C'est pas Joée, ça, fit-il, d'une toute petite voix.

Non. Ce ne pouvait être Joée. Elle était plutôt du type poids plume. Pinotte aurait pu la faire voler simplement en lui soufflant dessus.

Mais s'il ne s'agissait pas d'elle, de qui donc s'agissait-il? Plus personne n'habitait ici depuis des années. On racontait plein d'histoires sur cette maison isolée: elle était hantée, elle aurait abritée une bande de voleurs en cavale, ou un tueur en série qui, les nuits de pleine lune, adorait découper les enfants en petits morceaux à peu près égaux.

De nouveau, des bruits de pas.

Puis une porte qui grince.

Qui grince et qui se referme soudain avec fracas.

Pinotte sursauta (et, cette fois encore, cria presque : « Maaa-maaan ! »).

Ça n'allait pas. Ça n'allait vraiment pas. Immobile au rez-de-chaussée, jamais Pinotte ne s'était senti aussi seul... tout seul.

Hors de chez lui, les membres de sa bande l'entouraient toujours – les « colleux » comme il les appelait, en secret, dans sa tête. En public, il les appelait plutôt : ses copains, ses complices, ses assistants, ses « muscles de rechange quand je suis occupé ailleurs ». Mais ce matin, il était seul. Et il faisait sombre dans la vieille maison. Et les bruits qui venaient de là-haut le clouaient sur place.

Tout à coup, du coin de l'œil, il vit quelque chose bouger.

Une silhouette toute blanche. Qui s'était mise à voler. Qui grimpait à la vitesse de l'éclair l'escalier menant au premier, avec un bruit qui ressemblait à la respiration de quelqu'un qui a le rhume et ne s'est pas mouché depuis deux semaines.

Joée? Non, ce ne pouvait pas être Joée. Elle n'était pas habillée en blanc. De plus, Pinotte était sûr que, même si elle écrivait des poèmes, la petite Joée ne savait pas voler pour autant.

Pinotte sentit sa gorge se serrer, son ventre se nouer, le gras de ses cuisses se mettre à trembler. Une furieuse envie de faire pipi s'empara de lui.

Surtout lorsqu'une voix, caverneuse, venant de nulle part, tonna:

— PINOTTE! Que viens-tu faire ici, dans mon royaume?

Il sursauta et balbutia:

— Je je je je je…

Il se tut, car il ne lui restait plus de salive, et les mots (même si c'était, tout compte fait, toujours le même) demeuraient coincés dans sa gorge.

— PiiiiiinnoOOOOoo-teeeee! fit la voix.

Une nouvelle silhouette, aussi blanche que la première et qu'on aurait dit éclairée de l'intérieur, s'éleva du sol, vola dans le grand escalier, et disparut dans l'ombre, avec cette fois un bruit d'orgue si grave, si profond, que Pinotte sentit ses dents – surtout celles qui, au fil des mois, prenaient une teinte noirâtre particulière – vibrer dans sa mâchoire.

— Des fanfanfantômes! souffla-t-il.

Pinotte ne croyait pas aux fanfanfantômes. Enfin, pas tous les jours. Mais s'ils existaient, s'ils existaient pour de vrai, pouvait-il, lui, Pinotte le redoutable, leur faire peur comme il faisait peur aux petits dans la cour d'école?

Une voix dans sa tête (qui, curieusement, ressemblait à s'y méprendre à celle de son ennemie de toujours, Marie Quatdoigts) murmura: *Tu peux toujours rêver. Les fantômes sont plus laids que toi. Ils sont laids, oui, mais ils sont surtout GLUANTS et PUANTS, et ils peuvent se glisser sous tes draps, la nuit, quand tu dors.*

Pinotte ne bougeait plus. Il entendait encore des pas à l'étage au-dessus, mais, cette fois, c'était comme si des douzaines de minuscules animaux s'étaient mis à trotter au plafond. Combien de pattes avaient ces animaux? se demanda-t-il. Deux, quatre, six, huit? Il entendait des rires qui semblaient sortir des murs. Et des grognements qui montaient du plancher. Et des ricanements qui venaient de partout à la fois.

Non, ça n'allait plus du tout.

Pinotte sentait les murs autour de lui se rapprocher, comme si le hall de la maison du Député s'était soudain mis à rapetisser.

— PiiiiiiinnoOOOOOo-teeeee! fit encore la voix. (Et on entendait des coups de tonnerre: un orage impossible se préparait-il à l'intérieur de la maison?)

— Faut que je sorte d'ici! murmura-t-il.

Oui! Sortir! Vite! Les fantômes se cachaient partout!

— Tu ne nous échapperas paaaas! lança la voix d'outre-tombe.

Pourtant, il fallait qu'il s'échappe. Pinotte était si pâle maintenant qu'il allait bientôt devenir transparent.

Comment sortir de cette maison hantée? Descendre au sous-sol? Pas question de se retrouver dans le noir avec toutes ces choses gluantes – des serpents, des vers de terre géants, de longs doigts de squelettes – qui pendaient du plafond! JAMAIS!

En tremblant, Pinotte traversa le hall et s'approcha de la porte avant. Il tourna la poignée (qui lui sembla toute graisseuse, comme si un monstre baveux l'avait léchée quelques secondes plus tôt). Il tourna, tira, secoua la poignée. Rien à faire: la porte était verrouillée.

— Je veux sortir d'ici! lança l'ancien dur-à-cuire (étaient-ce des larmes qui coulaient sur ses joues poussiéreuses?).

— Pourquoi te laisserait-on partir? fit la voix tonitruante.

— Je vais être gen... gen... gentil!

La voix ne dit rien.

— J'achalerai plus jamais Marie...

Toujours ce lourd silence.

— Ni Robert non plus...

Il regarda autour de lui. Le silence de la voix lui semblait plus menaçant encore que ses éclats précédents. Il se mit à sautiller sur place (l'envie de faire pipi le pressait de plus en plus). Il hurla enfin :

— J'achalerai plus personne ! Pas Marie, pas Robert, pas Amélie, pas Joée ! Pas personne ! Jamais, jamais ! Promis, juré ! Mais laissez-moi sortiiiiiir !

Oui, c'étaient des larmes qui coulaient sur ses joues : des larmes d'épouvante et de honte.

— Alors avance au centre de la pièce, ordonna la voix, et ferme les yeux !

Pour l'une des premières fois de sa vie, Pinotte obéit à un ordre. Il revint au centre de la pièce et ferma les yeux si fort qu'on aurait juré que c'était tout son visage qui voulait se fermer.

— Compte jusqu'à 100 !

Pinotte pourrait-il compter jusqu'à 100 sans se tromper?

Et s'il se trompait, les fantômes l'amèneraient-ils en enfer?

— Cinq, sept, douze, marmonna Pinotte en tremblant, onze, treize, vingt, vingt et un, vingt et deux, dix-huit…

C'était à se demander s'il arriverait à 100 avant que la nuit tombe.

Mais après quelques secondes, la voix reprit:

— Ouvre les yeux!

Pinotte les ouvrit.

Il y aurait eu un énorme néon indiquant SORTIE que Pinotte ne se serait pas senti plus soulagé: la porte était grande ouverte devant lui. On voyait la première neige qui tombait, toute timide et toute légère.

Pinotte s'élança en criant:

— Maaamaaaan!

Il courut, sauta sur le balcon, dévala l'escalier, vola presque par-dessus la pelouse déjà toute blanche, traversa la rue et, en quelques secondes, disparut dans le parc.

▲ ▲ ▲

Nous avons attendu qu'il soit loin, Marie, Amélie, Joée et moi, avant d'éclater de rire et de nous rouler par terre dans la poussière.

Nous avions enfin vaincu le monstre !

▲ ▲ ▲

La maison du Député est-elle vraiment hantée? me demandes-tu, cher journal.

Bien sûr que non ! (Sauf peut-être par la tristesse d'Éva.)

Pourtant, pourtant... Les doigts de squelettes, les serpents, les vers gluants qui pendaient du plafond du sous-sol?

De simples ficelles trempées dans de l'huile d'olive.

Mais les fantômes, Pinotte les a vus, les fantômes!

Il a vu deux draps, de grands draps blancs, qui cachaient chacun une lampe de poche, tirés par de longs fils noirs fixés à des poulies. Tu seras sans doute étonné, cher journal, d'apprendre que notre poète Joée se révèle une épatante bricoleuse!

D'accord, des draps, bon... Mais les bruits terribles et les voix d'outre-tombe qui venaient de partout?

Ça, c'était mon idée. Pas mal, n'est-ce pas? Les bruits et les voix venaient de partout parce que Marie, Joée et moi, avions reçu en cadeau, tout jeunes, de petites enregistreuses-jouets. Et le père de Marie avait des douzaines de cassettes d'Halloween, pleines de *oooouuuh!* et de *ccrrraaack!* et de rires démoniaques. La vieille maison presque vide répercutait les sons comme dans une caverne. De plus, les enregistreuses possèdent des micros qui nous permettaient de transformer nos voix en voix de monstres sanguinaires.

Il n'y a donc pas de fantômes...

N'aie pas l'air si triste, cher journal. Nous avons bossé très fort pendant une semaine pour tendre notre piège. Et même lorsque nous avons constaté, chacun dans nos cachettes respectives, que Pinotte semblait avoir peur, nous ne savions pas si notre plan réussirait.

Maintenant, Pinotte est hors d'état de nuire pour quelque temps. Peut-être toute l'année scolaire si nous sommes un peu chanceux!

▲ ▲ ▲

J'avais éteint la lumière,
j'étais couché, j'allais m'endormir,
lorsque je me suis rappelé
que je ne t'avais pas tout dit ...

Non, je ne t'avais pas tout dit, cher journal.

Je ne voulais peut-être pas...

Il faisait beau pourtant, en cette fin d'après-midi. C'était le lendemain de **LA GRANDE ÉPOUVANTE DE PINOTTE.**

Il faisait doux. La première neige, comprenant qu'elle

n'avait rien à faire là, avait complètement disparu. On aurait dit une journée de printemps.

Nous étions seuls dans le parc, Amélie et moi.

J'avais, comme dirait Marie, un sourire scotché aux lèvres.

Tout à coup, Amélie s'est arrêtée et a fouillé dans la poche de son manteau. Elle a sorti une enveloppe et me l'a tendue. Cet après-midi-là, elle n'avait pas mis ses lunettes de soleil, mais je me suis soudain rendu compte qu'elle ne m'avait pas regardé dans les yeux de toute la journée.

Elle m'a dit :

— Daddydounet m'a écrit une lettre.

Il faisait grand soleil.

J'ai pensé : « Il va se mettre à pleuvoir. »

Peut-on recevoir une mauvaise nouvelle quand il fait un temps superbe?

Même pendant qu'Amélie m'annonçait sa très mauvaise nouvelle, le soleil a continué à briller.

Lettre de Patrice Blanche à sa fille

Amélie gentille,
Tu te souviens? Il fut un temps où je t'appelais ainsi. Pour te faire rager. Tu répliquais, chaque fois, en frappant du pied par terre: «Suis pas une gentille, na!» Mais je recommençais, et tu répliquais toujours de la même manière. D'où venait ce petit rituel? Je n'en ai aucune idée. La plupart des rituels de nos existences, petits et grands, heureux et moins heureux, naissent, diraiton, de nulle part. Ils surviennent lorsqu'on regarde ailleurs.

On se demande ensuite: «Mais pourquoi donc disions-nous ça?» «Comme c'était idiot, tu ne trouves pas?» et «Comme je m'en ennuie aujourd'hui...»

Ce matin, les employés des transports publics, à Paris, faisaient la grève.

Plus de bus, plus de métro.

Assis dans mon lit, j'ai pris une grande décision: «Je fais la grève, moi aussi!»

J'ai donc annulé tous mes rendez-vous. J'ai enfilé un jean, un épais col roulé, mes vieux baskets. Sans regarder, j'ai attrapé au passage un livre dans la bibliothèque et je suis sorti. Dans l'escalier, je sifflotais. Près de la porte de l'immeuble, la concierge triait le courrier. «Bon matin, madame Boyard», lui ai-je lancé. «On fait l'école buissonnière aujourd'hui, m'sieur Blanche?» qu'elle a répliqué.

J'avais l'impression d'être en vacances. J'ai descendu, le long de notre petite rue, vers le boulevard Saint-Germain. En marchant, je me suis demandé: «Eh ben, mon vieux, depuis quand tu n'as pas pris de vacances?» Puis, je me suis fait la réflexion suivante: «Que seraient des vacances sans ta fille?» Je me suis alors répondu à moi-même: «Tu n'as qu'un simple petit coup de fil à donner en Nouvelle-France et le tour est joué, n'est-ce pas?» Mais je me suis aussitôt rappelé à l'ordre: «Elles vont t'envoyer paître, mon pauvre, après tout ce que tu leur as fait...»

J'ai discuté longtemps, comme ça, avec moi-même, le long du boulevard Saint-Germain. Je ne voyais personne (et pourtant, je te jure, ça fourmillait de gens que la grève rendait furax). Après une dizaine de minutes, je me suis arrêté prendre un café à la terrasse d'un bistrot, et j'ai lu quelques pages du livre que j'avais pris dans ma bibliothèque : un recueil de poésie, *Capitale de la douleur* de Paul Éluard. Voici l'un de ses poèmes :

Sur la maison du rire
Un oiseau rit dans ses ailes.
Le monde est si léger
Qu'il n'est plus à sa place
Et si gai
Qu'il ne lui manque rien.

Je me suis dit : « Tiens, Patrice, voilà une habitude que tu devrais prendre : lire un poème chaque matin. »

Mais je cause, je cause, et de poésie encore, alors que je devrais arriver à l'essentiel : j'ai parlé à ta mère hier (en fait, avec les délais de la poste, ça fera au moins une bonne semaine que je lui aurai parlé, lorsque tu liras cette lettre).

Au début, inutile de te dire qu'elle m'a presque raccroché la ligne au nez. Je la comprenais. J'aurais fait pire ! Mais j'ai insisté. J'ai plaidé ma cause. Elle m'a écouté. Avec un peu de réticence au départ. Eh ! Qu'est-ce que je dis là ? Avec BEAUCOUP de réticence. La conversation avait plutôt l'allure d'un monologue : les silences de ta mère étaient fort nombreux. Néanmoins, elle écoutait. Je la voyais presque froncer les sourcils pendant que je parlais, parlais, parlais.

Elle grognait parfois. Hum... souvent. Mais, au bout d'une demi-heure, j'ai réussi! Oui, je l'ai convaincue!

Maintenant, Amélie gentille, il ne me reste plus qu'à te convaincre, toi.

Tu vas me dire: «Mais pourquoi donc ne m'as-tu pas téléphoné?»

Pourquoi? Si j'avais peur de la réaction de ta mère, j'avais encore plus peur de la tienne, voilà pourquoi.

Assez tourné autour du pot.

Voici ce que je t'offre:

PARIS.

Paris pendant trois semaines. Si tu t'embêtes, deux semaines seulement. Ou une seule. Ou, si tu t'embêtes vraiment: Paris pendant un week-end! Le temps que tu voudras. Toutes dépenses payées.

Si tu veux bien…

Si tu me pardonnes… un peu…

Ta mère parlera à ton prof, tu apporteras tes bouquins, tes cahiers, tu étudieras, tu feras tes devoirs, je t'aiderai…

Voici donc comment ça pourrait se dérouler : si tu dis oui, tu le fais savoir à ta mère. Celle-ci m'appelle. Je te fais parvenir un billet d'avion – ton billet à toi toute seule – et, d'ici un mois au max (le temps que j'avertisse mes clients que je vais disparaître quelque temps), tu débarques à Charles-de-Gaulle où je t'attends. Ensuite…

Eh ben, ensuite, nous tenterons de reprendre là où nous avons laissé. Et j'essaierai de t'expliquer, du mieux que je le peux, comment et pourquoi tout ça est survenu.

Alors voilà... Tu peux refuser. Tu peux chiffonner cette lettre et la lancer au loin en hurlant que je n'avais qu'à vous suivre, toi et ta mère. Tu aurais raison. Tu aurais mille fois raison.

En attendant ta réponse, je vais préparer ta chambre. Je vais la remplir de peluches (tu n'es pas trop vieille pour les peluches, n'est-ce pas?). Je vais nous acheter des recueils de poésie que nous pourrons lire (ensuite, si tu les aimes, tu pourras les rapporter chez toi).

Je te jure que je débrancherai le téléphone quand tu seras là. Je cacherai mon portable au fond de ma garde-robe. Je te promets que nous petit-déjeunerons ensemble chaque matin, que tu ne manqueras jamais de croissants ni de tartines beurrées. Je ne te parlerai pas de mes clients sauf si tu me le demandes (j'aurais d'ailleurs des choses à te raconter à leur sujet qui te feraient crouler de rire!). Je te promets surtout que je n'aurai pas l'air occupé ni préoccupé. Je t'écouterai quand tu me raconteras ce qui t'importe dans la vie.

J'ai hâte.

Paris est plutôt vide sans toi.

Je n'arrive même pas à trouver la Seine jolie.

Accepteras-tu?

Ton daddydounet qui attend et espère…

L’aventure du gène gêné

Quoi, Joée? Ai-je bien entendu?

Tu veux écrire un poème sur Pinotte?

Tu veux comprendre pourquoi Pinotte agit comme il agit? Quelle idée bizarre! Ma pauvre vieille, il n'y a justement rien à comprendre! Pinotte ne mérite pas que tu gaspilles ton talent poétique à…

Il te fait pitié? Tu te sens coupable maintenant?

D'accord, tu as raison, nous lui avons fait une sacrée peur – mais il s'en remettra assez vite,

Jean-Yves Pinaud dit Pinotte. Si maintenant il n'ose plus parler, s'il semble trembler sans arrêt… c'est bien fait pour lui! Depuis deux semaines, les petits dans la cour d'école respirent un peu mieux. Nous aussi d'ailleurs, te ferai-je remarquer!

Pourquoi n'écris-tu pas un poème sur… sur Éva, tiens! Voilà un bon sujet. Nous pourrions l'encadrer et le placer sous sa photo dans la maison du Député.

Ou bien, écris des chansons. L'avenir, c'est la chanson. Tu pourrais devenir célèbre à travers le monde!

J'adorerais ça, moi, connaître quelqu'un de célèbre…

Je pourrais peut-être avoir des billets de spectacles gratuits, qui sait?

Bon, d'accord, tu tiens à écrire un poème sur Pinotte.

Quoi? Tu irais même le lui présenter?

Vite! Appelez l'ambulance! La police! La psychologue de l'école! Joée ne va pas bien! Elle délire! Elle a des hallucinations! Elle croit que Pinotte est un être humain comme les autres!

Oui, oui, j'arrête… Je ne me moquais pas de toi… pas tout à fait – juste un peu. Tu dois admettre que c'est plutôt surprenant comme projet, n'est-ce pas?

Tu t'en vas, Joée?

Je ne t'ai pas blessée au moins? Sinon, je te donne le droit de me taquiner au moins trois fois cette semaine. Ainsi, nous serons quittes…

Ah, c'est l'inspiration qui vient? Tu t'en vas écrire? Eh ben, on peut dire que tu prends ça sérieusement, toi, la poésie!

Alors, on se revoit demain à l'école…

…

Chic fille, cette Joée Grimard. Un peu bizarre, il faut l'avouer, mais c'est exactement ce qu'il nous faut dans le Club des bizar…

Tu ne dis rien, Robert?

Je t'observe depuis tantôt. Tu ne fais que regarder les feuilles mortes dans la fontaine comme si c'était la douzième merveille du monde…

Ah! comme je suis bête! Tu es triste parce qu'Amélie est partie à Paris. Elle doit revenir bientôt, n'est-ce pas? Elle m'a dit qu'elle ne resterait chez son père que deux semaines…

Ah?... Sa mère a pris l'avion pour aller les rejoindre? Il y aurait de la réconciliation dans l'air? Amélie ne reviendrait peut-être pas? Du moins pas cette année?

Hum... Mon pauvre Robert, je comprends alors pourquoi tu es si triste. Moi, j'imaginais que c'était pour la vie, toi et...

Que dis-tu? Le départ d'Amélie n'y est pour rien dans ta tristesse?

Tu te sens triste parce que tu ne te sens pas assez triste? C'est quoi cette histoire?

Tu n'es qu'un goujat qui n'arrive pas à mettre de l'ordre dans ses sentiments? Allons donc! Premièro, tu n'es pas un goujat, et deuxièmo, les sentiments arrivent toujours dans le désordre. J'en sais quelque chose! On ne peut rien contre les sentiments. Il n'existe pas de mode d'emploi. On dirait même que les sentiments s'amusent à tout bousculer dans nos cœurs ; c'est leur sport extrême à eux. Tu ne seras sûrement pas leur première ni leur dernière victime !

Une girouette ? Comment ça, une girouette ? Mon Robert *à moi* n'est pas une girouette ! C'est plutôt mon meilleur… enfin… mon plus spécial… c'est-à-dire mon plus grand… euh…

Enfin !… De toute manière, moi, j'ai des choses à te dire. Du type : Super Importance Majeure !

Voilà deux jours que je tourne en rond dans ma chambre, que je me bats, moi aussi, contre une armée de sentiments.

Un nouveau petit ami ?

Arrête, Robert, il ne s'agit pas de ça!

C'est à propos de moi et…

Bon. Aussi bien tenter de raconter ça correctement.

D'abord, une bonne tablette de chocolat blanc aux truffes du printemps. Bien que je n'aie aucune idée de ce que sont les «truffes du printemps», surtout en automne… Un gros morceau pour toi et un gros morceau pour moi…

Alors… Tout ça a commencé le week-end dernier, lorsque je me suis rendu compte qu'il ne me restait plus que trois jours avant mon exposé oral. Tu te souviens de ce fameux boulot que nous a collé notre prof?

Exact: *Racontez l'arrivée de votre famille dans notre jolie ville.*

Ouais, voilà... Mais moi, avec cette histoire de Pinotte épouvanté, je l'avais totalement oublié. Je n'avais pas écrit un traître mot!

M'en tirer en inventant n'importe quoi?

Bravo! Voilà exactement ce que j'ai décidé, assise dans mon lit avec mes livres, mes cahiers et mes crayons.

LA FABULEUSE ET
STUPÉFIANTE HISTOIRE DE
LA FAMILLE GADOUAS DANS
NOTRE JOLIE PETITE VILLE

J'ai écrit ce titre, puis je me suis gratté la tête. «Fabuleuse et stupéfiante», notre histoire? Ouf! Il faudrait que j'en invente alors, des choses!

J'ai écrit une première phrase: «La famille Gadouas,

qui descend en droite ligne de Louis XXXIII, célèbre roi de France, s'est établi au pays au temps de la colonisation.»

Je sais qu'il n'y a jamais eu de Louis XXXIII! Allons, Robert, j'écrivais justement n'importe quoi! J'aurais aussi bien pu raconter que nous venions de la planète Mars. D'ailleurs, je suis sûre que tous m'auraient crue!

J'en étais donc à tenter de me bâtir une histoire familiale de toutes pièces, lorsque, soudain, je me suis dit: «Marie, ça n'a aucun sens! Depuis quand un enfant de ton âge doit-il s'inventer une histoire familiale alors qu'il a à sa disposition des parents en chair et en os qui pourraient la lui raconter?»

En entrant dans le séjour, j'étais déterminée à agir. Maman

et papa somnolaient devant la télé. J'ai fait un gros «Hum!» qui les a fait sursauter. Je leur ai lancé:

— Je veux tout savoir!

Il se sont regardés, ils m'ont regardée, ils ont rougi, puis maman a dit:

— Euh... Tu veux savoir... hu-hum!... tu veux savoir d'où viennent les bébés et...

J'ai fait une grimace et j'ai répliqué:

— Mais non, je sais déjà ça. Tu m'as tout expliqué en détail voilà des siècles. Alors, à moins que le mode d'emploi ait changé depuis, pas besoin. Ce que je veux savoir, c'est d'où je viens, *moi*!

— D'où tu viens? a demandé papa, qu'il me semblait voir pâlir.

J'ai hoché la tête.

— Ouais! D'où je viens? Qui sont les membres de notre famille? Pourquoi vous vous êtes brouillés avec tout le monde? Qui sont mes ancêtres? Ça n'a aucun sens que je ne sache pas qui…

Papa s'est levé. Maman a lancé, sur un ton inquiet:

— Chéri…

Je n'avais pas entendu maman appeler papa « chéri » depuis longtemps.

— Ça va aller, a dit papa en traversant le séjour et en se dirigeant vers le bahut dans lequel il garde les bouteilles d'alcool que certains de ses clients lui ont données en cadeau (papa les réserve d'habitude aux invités).

Il s'est versé un verre de scotch. Maman m'a déjà dit que le scotch, ça goûte le sable mouillé, et qu'elle préfère un bon vin blanc bien frais. Papa a bu une longue gorgée, puis il s'est tourné vers moi et a déclaré :

— Ma chère Marie, nous nous sommes brouillés avec les membres de nos deux familles parce que je refusais de te dire la vérité.

— Chéri, verse-moi un verre à moi aussi, a murmuré maman. Je crois que je vais en avoir besoin !

« Chéri » par-ci, « chéri » par-là, maman qui boit du sable mouillé – j'ai pensé : « L'heure est grave ! »

Papa est revenu s'asseoir et a tendu un verre de scotch à maman, qui y a trempé les lèvres. Papa a dit :

— Je t'ai caché la vérité. La vérité, c'est que tout ça, c'est ma faute.

Il m'a regardé droit dans les yeux et m'a demandé :

— Sais-tu ce qu'est un gène?

J'ai haussé les épaules et j'ai répondu :

— Quelque chose qui te rend timide?

Papa a secoué la tête et a expliqué :

— Un gène, c'est un petit quelque chose qui fait que, par exemple, une personne naît avec les cheveux roux, comme ton ami Robert, ou les yeux bleus, comme ceux de ta mère. Ce petit quelque chose peut provenir de la mère ou du père, et ça se promène comme ça de génération en génération. Certaines maladies peuvent d'ailleurs être transmises par voie génétique.

D'habitude, papa ne parle que de niches à chiens. Si jamais tu décidais d'acheter une niche à chiens, mon cher Robert, viens me voir : je connais tout ce qu'il y a à connaître sur ce vaste sujet !

D'habitude, maman parle sans arrêt. De tout et de rien. Surtout de tout. Mais ce soir, elle se taisait. Depuis que papa s'était lancé dans son discours, elle le fixait et ne disait plus un mot.

— Certains gènes jouent à cache-cache pendant plusieurs années. On les croit disparus, mais non – ils ne sont qu'endormis. On les nomme alors *récessifs*. On dit aussi qu'ils ont « sauté une génération », parfois deux ou trois.

Tu sais, Robert, c'était la première fois que papa me parlait aussi longtemps. Mon père, c'est un père en voyage d'affaires ou occupé dans son bureau au sous-sol. C'est un père gentil, mais de la catégorie « absent » ou « pas souvent présent », ou encore « demande à ta mère, car j'ai un coup de fil urgent à donner à Tokyo ». Ce soir-là, j'avais l'impression qu'on venait de me prêter, pour l'occasion, un nouveau modèle de père, beaucoup plus volubile que le modèle standard. Je ne m'attendais certainement pas à ce qui a suivi : sans avertir, une grosse larme a glissé sur sa joue droite et papa a dit :

— Tes mains, ma belle Marie, c'est ma faute. Si tu as des problèmes depuis si longtemps, si les gens te rendent la vie impossible, c'est ma faute. Le gène se cachait *en moi.*

Il s'est levé, a essuyé sa larme et a ajouté :

— Attends-moi quelques minutes.

Il est sorti, le dos un peu voûté, et a grimpé lentement l'escalier jusqu'à sa chambre. Je l'ai entendu ouvrir et fermer des tiroirs, déplacer des trucs, échapper des machins, jurer une fois ou deux, puis il est revenu au séjour. Il tenait dans ses mains un album épais comme ça, qu'il m'a tendu.

— Regarde.

Je me suis assise par terre. J'ai ouvert l'album. Au centre de la première page, il n'y avait qu'une seule photo, toute jaunie, où l'on voyait un couple de vieillards assis côte à côte dans une balançoire. L'homme et la femme souriaient. La femme avait posé la main sur celle de l'homme.

— Voici ton arrière-arrière-grand-mère, a dit papa. Cette photo a été prise quelques mois avant sa mort. Elle avait quatre-vingt-dix ans. Elle est morte dans son sommeil, sans souffrir.

Mais j'entendais à peine les explications de papa. Je regardais la photo et j'avais le vertige.

Oui, Robert, tu as deviné : la vieille dame n'avait que quatre doigts à chaque main !

— Elle a beaucoup voyagé, a ajouté papa en s'assoyant à côté de moi. Elle a fait le tour du monde, ce qui se révélait fort rare à cette époque. Je ne l'ai pas connue, car elle est morte plusieurs années avant ma naissance. La légende familiale raconte qu'elle ne tenait pas en place: il lui fallait tout voir, tout savoir. Il n'y avait rien à son épreuve. Elle s'est mariée à l'arrière-arrière-grand-père Gadouas à vingt ans, un an après la mort de son propre père. Avant de mettre au monde ses enfants, elle a entraîné son pauvre mari en France, en Angleterre, au Pérou et au Japon! Son père lui avait légué une forte somme en héritage. Lorsque leurs enfants, devenus des adultes, ont quitté la maison, elle a de nouveau entraîné son pauvre mari en Espagne, en Égypte, à Cuba... Elle a voyagé partout dans le monde, mais plus jamais elle n'a remis les pieds dans son village natal.

Pendant que papa parlait, je me disais que moi aussi, un jour, j'en ferais des tas de voyages. Toi, Robert, tu ne te sens pas à l'étroit parfois, dans notre si charmante petite ville? Un peu beaucoup, n'est-ce pas? Alors, viendrais-tu faire le tour du monde avec moi? Oui? Attention, pas besoin de hocher la tête si fort, je te crois!

Je suis sortie de ma rêverie, car papa poursuivait son discours:

— Ton arrière-arrière-grand-mère et ton arrière-arrière-grand-père Gadouas ont eu quatre enfants. De ces enfants, d'après mes recherches, seul Armand Gadouas possédait le gène, car même après trois générations, il ne s'est jamais manifesté chez les descendants des trois autres. Chez Armand, toutefois, le gène était récessif: Armand avait tous ses doigts. Il s'est marié à son tour, a eu trois enfants. Encore une fois, un seul d'entre eux transportait le gène : Paul-André, ton grand-père.

— Grand-papa avait tous ses doigts, lui aussi?

Papa a souri.

— Tous ses doigts en effet. Et il était très habile. C'est lui qui m'a montré comment travailler le bois, bâtir des choses, d'où ma carrière dans les niches à chiens.

— Les meilleures niches à chiens au monde! ai-je ajouté.

— Tu l'as dit! a lancé maman derrière nous, d'une curieuse voix (il semblait que le scotch, même s'il goûtait le sable mouillé, faisait son effet!).

De nouveau, papa a souri, puis il a continué :

— Donc, le gène était récessif chez Armand, ton arrière-grand-père, chez Paul-André, ton grand-père et (papa agita les doigts de sa main droite) chez moi aussi.

— Mais pas chez moi, fis-je, en regardant mes propres doigts.

Papa baissa les yeux. Il avait l'air très triste maintenant.

— Pas chez toi. Voilà pourquoi j'ai eu si honte lorsque j'ai découvert que ce sacré gène, *hérité de moi*, avait décidé de s'éveiller de son long sommeil ! C'est pourquoi nous nous sommes brouillés avec nos familles, car je refusais de te parler de tout ça. Mes frères, ceux de ta mère aussi, insistaient pour que je t'explique d'où venait ton... handicap. J'avais trop honte. J'étais la cause de tout ! Ils affirmaient que tu avais le droit de connaître la vérité. Moi, je ne voulais que m'enfoncer la tête dans le sable. J'étais convaincu que si, justement, je t'avouais tout, plus jamais tu ne voudrais m'adresser la parole. Il y a eu des engueulades mémorables, voilà plusieurs années! Je me sentais terriblement coupable. Je me sens toujours coupable d'ailleurs…

J'ai pris sa main dans la mienne et je lui ai dit:

— Tu sais, papa, on s'y fait. On s'y fait même très bien. Et même si cela a pris un certain temps, maintenant, j'ai des amis. De très bons amis.

Maman est venue nous rejoindre, et ensuite, pendant quelques minutes nous…

Hum… enfin… Attends un peu… Non, Robert, je ne pleure pas. Je crois que mes allergies reviennent tout à coup. A-t-on idée d'avoir des allergies en automne-presque-hiver!

Voilà. Ça va mieux.

Où j'en étais, moi?... Ah oui!

— Alors, tu peux m'aider avec mon exposé oral? ai-je demandé à papa.

Je lui en ai répété le thème: *Racontez l'arrivée de votre famille dans notre jolie ville.*

— Notre famille, fit papa, a participé à la fondation du village qui est devenu, vers les années 1950, notre jolie ville. D'ailleurs, ton arrière-arrière-arrière-grand-père et son épouse en furent des membres très respectés.

— Même s'ils ont éprouvé certains... problèmes à un moment donné, dit maman.

— Et même s'ils ont dû disparaître un beau jour, plutôt... une belle nuit, a ajouté papa.

Je devais avoir la bouche grande ouverte, Robert – un véritable piège à mouches! Je croyais rêver. D'une toute petite voix, j'ai demandé :

— Comment s'appelaient-ils, mes trois fois arrière-grands-parents?

— Julius Laforêt et Hortense Laforêt, née Savoie. Leur fille – ils la gardaient cachée de tous, tu imagines? –, se prénommait Éva. Ils habitaient la grosse maison près du parc – tu sais, celle que tout le monde appelle la «maison du Député»...

Oui, Robert, tu as parfaitement compris!

Éva et moi, nous sommes parents!

Incroyable, mais vrai de vrai!

Notre quartier général, c'est la chambre d'Éva, mon arrière-arrière-grand-mère!

Mais ce n'est pas tout! Sais-tu ce qu'ils m'ont demandé, mes bizarroïdes de parents, quelques minutes plus tard?

Nous étions maintenant dans la cuisine. Papa et maman buvaient de l'eau minérale, et moi je testais la nouvelle recette de chocolat chaud que maman avait mise au point la veille. Nous bavardions, ce qui ne nous était pas arrivé depuis des lustres. Papa a semblé un instant rêveur, puis il a souri à maman et lui a demandé:

— Tu te souviens de notre vieux rêve?

Maman a hoché la tête en souriant. Papa s'est tourné vers moi et a dit:

— J'ai été le premier de la famille à revenir vivre ici. Ta mère et moi, nous ne voulions pas élever une famille dans une grande ville. Nous avons donc décidé de venir nous installer dans la ville de mes ancêtres. Nous avons choisi une petite maison, car, à l'époque, nous ne pouvions pas nous permettre quoi que ce soit de plus dispendieux. Mais, pendant tout ce temps, malgré ma... honte... nous rêvions d'autre chose. Une folie.

— Maintenant, a ajouté maman, nous pouvons nous la permettre, cette folie. Voilà des dizaines et des dizaines d'années que la ville désirait s'en débarrasser, mais personne n'en voulait... jusqu'à aujourd'hui...

Papa m'a regardée avec un air très sérieux et m'a demandé :

— Ça te dirait de déménager dans la maison du Député?

Quoi? Qu'est-ce que je lui ai répondu?

Allons donc, Robert! J'ai répondu OUI, sans hésiter!

Imagine comment ce sera super-méga-incroyablement chouette! Papa va y installer son bureau, maman va se construire un laboratoire de chocolat, j'aurai une chambre immense, et il va quand même nous rester des tas de pièces libres!

Et tu sais quoi? Moi, j'aimerais y aménager une chambre d'ami.

Ouais! Mais attention, pas n'importe quelle chambre d'ami.

Une chambre d'ami destinée à un seul ami, un ami très spécial, et je...

Quoi? Si tu le connais, cet ami-là? Robert, ce que tu peux être bête parfois! D'accord, je te donne un indice: un gène pas gêné du tout lui a donné des cheveux d'une drôle de couleur…

Ha! Tu rougis, n'est-ce pas?

Je parierais une boîte de truffes, format de luxe, rien de moins, que mes parents seraient ravis que tu viennes de temps à autre passer un week-end dans ta chambre à toi.

Imagine tout le maïs soufflé que nous pourrons bouffer pendant ces week-ends-là!

Et nous pourrons discuter des heures et des heures de tout et de rien, surtout de rien si ça nous chante, de la vie peut-être aussi – bien que ça, ça ne soit pas tout à fait rien –, mais juste nous deux, sans les autres. Ce sera comme si nous fondions un nouveau club, mais ultra-secret, celui-là. Super-archi-méga-ultra-secret. Qu'en dis-tu?

Euh… tu ne dis rien?

Tu penses à Amélie, n'est-ce pas? Tu aimerais qu'elle fasse partie de notre club super-archi-machin-secret?

Non? Alors, pourquoi ce silence? Et pourquoi cet air étrange? Et pourquoi tu...

Eh! Tu m'as embrassée!

Mais pourquoi m'as-tu...

Quoi? Euh... Tu me surprends un peu, là... Ça fait plus d'un an que tu en rêves? Depuis le tout premier jour?

Alors là, Robert, je ne comprends pl...

Tu avais peur?

Robert, jamais je ne me moquerai de toi! Il me semble que...

Eh! Tu m'as encore embrassée!

Bon... Euh... Ouais...

Ouf! Tu ne trouves pas que, pour une journée d'automne-presque-hiver, il fait plutôt chaud? On dirait que c'est l'été qui revient…

Oui! bonne idée! Une promenade à travers le parc nous ferait le plus grand bien…

Si tu peux me tenir la main?

Ben… Oui, pourquoi pas?

Et d'ailleurs, tu sais… Si jamais, pendant notre promenade… Si jamais, tu vois, l'idée te venait, comme ça, sans trop savoir pourquoi, à brûle-pourpoint… tout doucement… de… de m'embrasser une fois de plus, eh ben… je crois que ça me ferait plutôt plaisir à moi aussi…

Achevé d'imprimer
en mars deux mille six sur les presses
de Quebecor World L'Eclaireur / St-Romuald, Québec.
Imprimé au Canada